Jörg Schulze

Und Gott sprach: „Wo liegt das Problem?“

Dialoge mit einer höheren Instanz

W0312663

monika laube verlag

ISBN 3-9807044-1-6

© 2001 Monika Laube Verlag, Biebergemünd
Alle Rechte vorbehalten

Herstellung:
Books on Demand GmbH, Norderstedt

Satz, Gestaltung, Fotos:
team für neue kommunikation, Biebergemünd

Inhalt

Kapitel 1

Wie alles anfing

Ich hörte eine Stimme, die eindringlich auf mich einredete und es schon eine geraume Zeit getan zu haben schien, ohne dass ich es bemerkt hätte. Sie hatte keinen Klang im akustischen Sinne, und doch war sie klar und deutlich vernehmbar. Sie stellte mir Fragen und gab mir zu unserer Situation Erklärungen und Hinweise.

Mitte der achtziger Jahre trafen meine Frau und ich eine Entscheidung, die unser weiteres Leben gründlich auf den Kopf stellen sollte: Wir beschlossen, unser bis dahin recht konventionell eingerichtetes Dasein freiwillig gegen ein Leben auf der Straße einzutauschen, uns also praktisch selber obdachlos zu machen!

Dahinter steckte alles andere als bloße Abenteuerlust und wir verstanden uns auch keineswegs als „Aussteiger". Unsere Motive waren eher religiöser Natur. Wir hatten uns in jener Zeit ernsthaft auf die Suche nach Gott begeben und waren nach reiflicher Überlegung zu dem Schluss gekommen, dass wir ihn, wenn überhaupt, nur auf einem einzigen Wege finden würden: Wir mussten bereit sein, wenigstens einmal im Leben auf alle Sicherheiten und jeden festen Boden unter den Füßen zu verzichten, ein einziges Mal nicht auf die Stimme der Vernunft, sondern allein auf den Führer im eigenen Herzen zu hören. Wir mussten den Mut aufbringen uns fallen zu lassen und darauf vertrauen, dass Gott uns nicht abstürzen lassen, sondern auffangen würde.

Einige Jahre zuvor waren wir von der Großstadt aufs Land gezogen, lebten seitdem in einem alten Forsthaus im Spessart und hatten in der Stille unseres abgelegenen Tales und in der Großartigkeit der uns umgebenden Natur Erlebnisse und Eindrücke gesammelt, die uns verändert hatten.

Wir begannen, die Natur und damit die Erde als einen lebendigen Organismus zu begreifen, der lebte und atmete, der lieben und leiden konnte wie die Wesen, die auf ihm zuhause waren.

Jahre bevor wir Peter Russells wunderbares Buch über „Die erwachende Erde" zu lesen bekommen sollten, dämmerte uns in unserer Spessart-Einsamkeit bereits, dass die Welt mit größter Wahrscheinlichkeit doch mehr war, als einfach nur ein planetarisches Staubkorn unter Milliarden anderer planetarischer Staubkörner.

Vor allem aber fingen wir an zu akzeptieren (nach vielen Jahren hartnäckiger Verweigerung allen religiösen Gedanken gegenüber), dass dieses wunderbare große Ganze vielleicht doch nicht vom Zufall, sondern von einem übergeordneten Willen, einer unbegreiflichen kosmischen Intelligenz, oder auch einer göttlichen Kraft, gelenkt werden könnte.

Zwar hatten wir uns bereits seit Jahren intensiv mit spirituellen Themen auseinandergesetzt, doch war es eher ein theoretischer Umgang mit diesen Inhalten gewesen. Die dabei gewonnenen Einsichten hatten jedenfalls selten irgendetwas Entscheidendes an unserem Leben verändert. Spiritualität fand für uns in Büchern statt, während unser ganz gewöhnlicher Alltag davon unberührt blieb.

Jetzt genügte uns das nicht mehr. Wenn es tatsächlich diese ordnende, universelle Intelligenz oder schöpferische Kraft geben sollte, die diesen Kosmos und damit auch uns erschaffen hatte, dann wollten wir ihr nicht nur zwischen zwei Buchdeckeln begegnen, sondern sie endlich auch am eigenen Leib erfahren. Dazu aber mussten wir uns ihr anvertrauen und das eben hieß für uns: Wir mussten bereit sein, uns Gott in der oben beschriebenen Weise anheim zu stellen.

In der praktischen Konsequenz sah das so aus: Ich gab meinen Job auf, wir kündigten unseren Mietvertrag und trennten uns, bis auf wenige persönliche Stücke, von unserem Hab und Gut. Dafür kauften wir uns einen kleinen Wohnwagen und verließen das Land in Richtung Frankreich. Die Reisekasse enthielt rund 2000 Mark. Das war genug, um „das Unternehmen Gott zu finden" zu starten, aber nicht genug, um länger als einen Monat davon leben zu können – und genau das war auch so beabsichtigt. Wir wollten uns vertrauensvoll in Gottes Hände begeben. Zuviel Geld hätte uns dabei nur behindert.

Wir blieben insgesamt drei Jahre in Frankreich und hätten, wenn wir dazu bereit gewesen wären, erleben können, wie wunderbar sanft Gott uns damals in der Tat auffing. Er beschenkte uns mit Fülle auf Schritt und Tritt. Wir erhielten alles, was wir zum Leben brauchten, erhielten es stets zum richtigen Zeitpunkt und oft genug sogar im Überfluss.

Leider waren wir aber noch nicht so weit, die Dinge so sehen zu können. Im Gegenteil: Wir fühlten uns in Frankreich alles andere als beschützt, sondern bedroht, benachteiligt, vom Schicksal verfolgt und von Gott verlassen.

Was wir an materieller Fülle erhielten, interpretierten wir regelmäßig als Mangel. Geschenke waren für uns Almosen, über die wir uns nicht freuten, sondern derer wir uns schämten. Stets waren wir bereit das zu sehen, was wir nicht hatten, und wenn uns tatsächlich einmal Mangel widerfuhr (was bei einer dermaßen negativen Grundeinstellung nicht ausbleiben konnte), dann sahen wir darin sofort einen Beweis dafür, dass es mit Gottes Hilfe nicht weit her sein konnte.

Mit unserer Entscheidung, unsere konventionelle Existenz und damit die gewohnten Sicherheiten aufzugeben, hatten wir geglaubt, mit Gott eine Art stillschweigendes Abkommen getroffen zu haben, nach dem Motto: „Wir verzichten auf unsere Sicherheiten und du beweist uns, dass es dich gibt, indem du uns sofort wieder mit neuen Sicherheiten ausstattest".

Damit aber verlangten wir natürlich etwas Unmögliches. Sicherheit ist kein objektiver Zustand, sondern nur dessen subjektive Interpretation. Wenn wir uns sicher fühlen, verdrängen wir die Tatsache, dass es mit dieser Sicherheit jederzeit aus sein kann. Insofern war unsere Entscheidung sich anheim zu stellen konsequent und richtig gedacht. Die Erwartung aber, dafür von Gott quasi zur Belohnung mit neuen Sicherheiten versorgt zu werden, war es nicht. Gott hatte denn auch ganz andere Pläne mit uns, und die sollten wir bald kennen lernen.

Ich verdiente damals unseren Lebensunterhalt als Händler für Heilpflanzen und Gewürze auf den Wochenmärkten der Region. Ein Geschäft, das uns eher schlecht als recht ernährte, auf dem jedoch alle unsere Hoffnungen und Erwartungen ruhten.

Und dann eines Tages die Katastrophe: Fast überfallartig tauchten Zollfahnder bei uns auf und beschuldigten uns, den französischen Staat um etliche Tausend Francs Mehrwertsteuer betrogen zu haben. Grund: Wir hatten unser Auto noch nicht in Frankreich zugelassen, es also noch nicht offiziell eingeführt und damit logischerweise auch nicht verzollt. Nun drohte die Beschlagnahmung des Fahrzeugs verbunden mit einer saftigen Geldstrafe, und die Mehrwertsteuer in Höhe von 6000 Francs sollten wir natürlich ebenfalls noch nachzahlen.

Wir lebten in dieser Zeit mehr oder weniger von der Hand in den Mund. Wenn wir einmal hundert Francs im Portemonnaie hatten, war das schon viel Geld. Die Summen, die jetzt von uns gefordert wurden, überstiegen in geradezu lächerlicher Weise unsere Möglichkeiten, aber das war der Zollfahndung natürlich egal.

Für uns stellte sich an diesem Tag die Frage, ob unsere mit so hohen Erwartungen begonnene spirituelle Suchexpedition nicht grandios gescheitert war. Wir fühlten uns schon seit längerer Zei, von Problemen umzingelt, aber was jetzt passiert war, schlug dem Fass endgültig den Boden aus. Sehr viel tiefer glaubten wir kaum noch fallen zu können.

An diesem Tag zog ich mich abends mit meiner Reiseschreibmaschine in einen stillen Winkel zurück und unternahm einen letzten Versuch, zumindest ein kleines bisschen Licht in das Dunkel zu bringen, das uns umgab.

Dabei bediente ich mich eines Verfahrens, das sich zu anderen Zeiten und in ähnlich schwierigen Situationen bereits bestens bewährt hatte: Man versetzt sich in die Position eines neutralen, unbeteiligten Beobachters und nimmt eine ganz sachliche Bestandsaufnahme der Lage vor. Welche Probleme liegen vor einem? Was ist nötig, um sie zu lösen? Welche Wege können beschritten werden? Welche Mittel stehen zur Verfügung? Welche fehlen noch und müssen wie beschafft werden?

An jenem Dezemberabend im Jahre 1985 allerdings funktionierte das bewährte Verfahren nicht in der gewohnten Weise. Ich kam mit meiner Analyse nicht von der Stelle und quälte mich Zeile um Zeile voran.

Plötzlich hatte ich das Gefühl, dass jemand mit mir sprach! Ich hörte eine Stimme, die eindringlich auf mich einredete und es schon eine geraume Zeit getan zu haben schien, ohne dass ich es bemerkt hätte. Sie hatte keinen Klang im akustischen Sinne, und doch war sie klar und deutlich vernehmbar. Sie stellte mir Fragen und gab mir zu unserer Situation Erklärungen und Hinweise.

Es dauerte eine ganze Weile, bis mir überhaupt bewusst wurde, was da mit mir passierte. Dann fing ich an, zunächst verwirrt und wie mechanisch, bald aber neugierig und immer aufmerksamer, in die Maschine zu tippen, was diese Stimme mir sagte. Denn wo immer sie her kam und wer immer da mit mir sprach, er, sie oder es wusste, wie man Probleme löste. Hatte ich uns bis eben noch in einer völlig ausweglosen Situation verfangen gesehen, so öffnete mein nächtlicher innerer „Besucher" mir plötzlich Türen, von denen ich bis dahin nicht einmal gewusst hatte, dass es sie gab.

Zum Nachdenken über die Herkunft dieser Stimme kam ich an diesem Abend kaum. Dazu war das Erlebnis viel zu aufregend und zu ungewöhnlich. Zweifel darüber, ob ich mir das alles vielleicht nur einbildete, kamen mir zwar durchaus in den Sinn, aber diese Stimme war so eindeutig „da" und was sie sagte war so wohltuend und weise, dass die Neugier auf mehr Botschaften aus dieser Quelle letztendlich größer war als meine Zweifel.

In den darauf folgenden Tagen identifizierte sich die Stimme als Gott, und ich muss gestehen, dass ich damit eine ganze Weile dann doch meine Schwierigkeiten hatte. Es wäre mir nicht besonders schwer gefallen zu akzeptieren, dass ich in Verbindung zu irgendeinem Geistwesen getreten war. Von dergleichen hatte ich des öfteren gehört und gelesen und es stets für möglich gehalten. Aber dass es gleich Gott sein sollte – das war mir dann doch eine Nummer zu groß.

Alte Bilder eines längst vergrabenen Gottesverständnisses tauchten auf und machten die Lage zusätzlich kompliziert. Ich fragte mich, ob mir eine solche „Ehre" überhaupt zustand. War ich nicht schon vor vielen Jahren aus der Kirche ausgetreten? Hatte ich mich nicht jahrelang über alles lustig gemacht, was in irgendeiner

Weise mit Glaube und Religion zu tun hatte? Wieso also sollte Gott ausgerechnet den Kontakt zu einem wie mir suchen? Andererseits: wir waren aufgebrochen um genau das zu erreichen, was jetzt eingetreten war. Wogegen also wehrte ich mich jetzt eigentlich und warum?

Es dauerte lange, bis ich bereit war, diese Stimme als spirituellen Führer wirklich auch mit dem Herzen zu akzeptieren. Monika tat sich damit um vieles leichter. Sie las die Botschaften und wusste, dass sie gut waren.

Gott war für uns eine Offenbarung. Er half uns nicht nur damals im Dezember 1985 das Problem mit der Zollfahndung aus der Welt zu schaffen, er half und beriet uns von da an bei unzähligen weiteren Problemen und tut es selbstverständlich noch heute. Ich schätze, dass ich inzwischen einige Tausend Botschaften empfangen haben dürfte. Gezählt habe ich sie nie.

Wir haben unendlich viel von ihm und durch ihn gelernt. Unter anderem half er uns, endlich von dem altertümlichen Gottesverständnis loszukommen, das wir seit unserer Kindheit mit uns herum trugen. Nach diesem Verständnis war Gott eine Wesenheit, die sich außerhalb von uns und über uns befand. Eine Macht, die wir anbeten und zu der wir aufschauen sollten, die uns belohnen oder bestrafen konnte und deren Ratschluss unerforschlich war. Mit so einem Gott hatten wir irgendwann nichts mehr zu tun haben wollen und ihm folglich und folgerichtig den Rücken gekehrt.

Jetzt lernten wir, dass Gott ein Teil von uns ist, oder auch wir ein Teil von ihm, wie man's nimmt. Wir lernten, dass alles eines und alles miteinander verbunden und gleichzeitig ist. Wir lernten, hinter den Grenzen der sichtbaren Realität die eigentliche Wirklichkeit wahrzunehmen – und wir lernten vor allen Dingen, dass wir noch sehr viel zu lernen hatten!

Als ich „stepping out – das Unternehmen Gott zu finden" schrieb, war ich mir noch sehr unsicher darüber, wie mein Kontakt zu Gott von anderen Menschen aufgefasst werden würde. Ich gebe zu, ich hatte lange Zeit Angst für verrückt erklärt oder als Angeber abgestempelt zu werden. Deshalb spielten die Botschaften, die ich von Gott erhielt, in „stepping out" eher eine Nebenrolle. Das Buch schildert vor allen Dingen die Geschichte unserer spirituellen Suchexpedition in Form eines (spannenden) Berichtes.

Nachdem „stepping out" erschienen war, lernte ich aber sehr rasch, dass sich die Menschen genau für das am meisten interessierten, was ich ihnen weitestgehend vorenthalten hatte: die Botschaften eben! Um diesem Interesse nachzukommen, enthält der vorliegende zweite Band zu diesem Thema deshalb ausschließlich Gespräche mit Gott, die ich während unserer Zeit in Frankreich geführt habe. Material dazu gab es in Hülle und Fülle und wir haben Themen und Dialoge ausgewählt, von denen wir annehmen, dass sie für jeden von uns interessant sein könnten.

Biebergemünd, im Juni 2001

Kapitel 2

Die Stimme

Solange ihr nur seht was ihr nicht habt, denkt ihr defizitär und werdet folglich im Defizit leben. Erst wenn ihr lernt zu sehen was ihr habt, wird sich das ändern und ihr werdet zu dem was ihr habt noch mehr hinzu bekommen. Das ist das Gesetz der Fülle.

Erinnerst du dich noch daran, mit welchem Ziel ihr einmal aufgebrochen seid? Richtig: Ihr wolltet einen Weg zu mir finden.

Dafür habt ihr alle Sicherheiten aufgegeben, auf die ihr euch bis dahin gestützt habt. Dafür wart ihr bereit euch anheim zu stellen, euch fallen zu lassen. Voller Vertrauen. Weil ihr wusstet, dass ich euch auffangen würde.

Doch nun schau einmal zurück: Was ist aus euren Zielen geworden? Wie sieht euer Leben heute aus? Ist es noch das Leben von zwei Menschen, die bereit sind mir zu vertrauen? Ganz und gar? Ohne Wenn und Aber? Die bereit sind, sich anheim zu stellen? Voller Vertrauen, weil sie wissen, dass ich sie auffangen werde?

Oder ist es nicht vielmehr längst wieder das Leben von Zweien, die erneut die Sicherheit zu ihrem höchsten und wichtigsten Gut erklärt haben?

Ihr seid in Schwierigkeiten? Nun: Ihr selber habt euch diese Schwierigkeiten geschaffen. Weil ihr immer wieder meint auf eigene Faust handeln zu müssen. Ihr habt längst wieder beschlossen, euren Weg alleine zu gehen. Ihr habt längst aufgegeben mich finden zu wollen. Und doch bin ich jetzt bei euch.

Ich bin bei euch, weil ihr mich gesucht und euch mir anvertraut habt. Und ich bin bei euch, weil ihr meinen Rat brauchen werdet. Geht euren Weg, aber versucht nicht, ihn ohne mich zu gehen. Tut keinen Schritt mehr ohne mich, dann wird es kein Problem mehr geben, das ihr nicht lösen könnt.

Setzt mich in eurem Leben an die erste Stelle und wir werden jedes eurer Probleme lösen können. Eines nach dem anderen. Schritt für Schritt. Was es auch sei, es ist in dem Augenblick gelöst, in dem ihr mich an die erste Stelle gesetzt habt. Probiert es aus.

Ihr werdet sehen: Es funktioniert immer. Hab Vertrauen. Alles was geschieht ist gut.

Du bist ein Teil von mir. Ich bin ein Teil von dir. Du hast dich für mich geöffnet, vielmehr ist bis jetzt gar nicht passiert. Also entspanne dich und sei vollkommen ruhig.

Lass mich einfach zu. Was soll schon passieren?

Ihr braucht Hilfe, und ich kann sie euch geben. Ob ihr sie annehmt, ist ganz allein eure Entscheidung. Was also riskierst du schon, wenn du mir zuhörst?

„Ich habe Angst, dass ich mich hier mit mir selber unterhalte", schrieb ich zögernd in die Maschine und wusste im selben Moment aber auch schon, dass mich eine Antwort darauf kaum beruhigen oder gar überzeugen konnte. Was sollte die Stimme, deren Herkunft mir damals noch völlig unklar war, auf so etwas schon antworten? Klar, dass sie versuchen würde, mir diese Befürchtung auszureden. Doch ich hatte mich getäuscht:

Das tust du ja auch. Ich bin ein Teil von dir, so wie du ein Teil von mir bist. So einfach ist die Sache.

Nenn mich wie du willst. Meinetwegen auch „Wer-immer-da-mit-mir-spricht", wenn es dir dadurch leichter fällt, dich an mich zu gewöhnen. Mir ist jeder Name recht.

„Darf ich dich etwas fragen?" Mir war ein Gedanke gekommen, der mir einfach keine Ruhe ließ und den ich unter allen Umständen los werden wollte, so banal und lächerlich er sich vielleicht auch anhören mochte: „Wie kommt es, dass du Deutsch sprichst?"

Die Antwort kam postwendend:

Damit du mich verstehst, was hast du denn gedacht?

Das machte Sinn, daran war nicht zu rütteln. Auf Hebräisch hätten wir diese Unterhaltung in der Tat kaum führen können.

Langsam begann ich neugierig zu werden. Warum es nicht einmal riskieren, und ihm eine der wirklich wichtigen Fragen stellen, die mich bewegten? Davon gab es ja nun wirklich genügend.

"Wie sollen wir mit dem Zollproblem umgehen?" So, nun war es heraus. Nun würde man ja sehen. Gespannt lauschte ich nach innen, und schon war die Stimme da:

Es gibt kein Zollproblem. Das einzige Problem ist, dass ihr nicht wisst was ihr wollt. Das Auto muss umgemeldet werden? Nun, warum meldet ihr es dann nicht um?

Was sollte denn das bedeuten? Und ob es ein Zollproblem gab! Es gab in diesem Zusammenhang vor allen Dingen ein finanzielles Problem.

Es gibt auch kein finanzielles Problem. Wenn ihr kein Geld habt, dann liegt das daran, dass ihr es vorzieht, keines haben zu wollen.

Ihr schafft euch eure Welt. Ihr ganz alleine.

Und wenn es eine Welt der Entbehrungen ist, in der Feinde an jeder Straßenecke lauern, dann habt ihr das so gewollt. Ihr braucht bloß zu beschließen, eure Welt anders zu gestalten, und sie wird anders sein!

Vertraut darauf, dass ihr die Mittel bekommt, um das Auto umzumelden, und sie sind schon unterwegs! Bittet nicht darum, sondern beschließt es. Beschließt es und vertraut darauf, dass die Lösung sich schon zu formen begonnen hat.

Um etwas zu bitten heißt immer auch die Möglichkeit in Betracht zu ziehen, dass der Bitte nicht entsprochen wird. Ist aber ein negativer Gedanke mit im Spiel, wird er sich gegenüber dem positiven immer durchsetzen. So habt ihr das gelernt, daran glaubt ihr, und weil ihr daran glaubt, ist es auch so.

Stellt ihr dem Zweifel auch nur den kleinsten Raum zur Verfügung, wird er sich sofort darin ausbreiten und rasch über ihn hinaus wachsen.

Solange ihr nur seht, was ihr nicht habt, denkt ihr defizitär und werdet folglich im Defizit leben. Erst wenn ihr lernt zu sehen was ihr habt, wird sich das ändern, und ihr werdet zu dem was ihr habt noch mehr hinzu bekommen. Das ist das Gesetz der Fülle.

Spätestens jetzt war für mich eines klar: Wo immer das her kam, von mir kam es jedenfalls nicht. Auf die Idee, wir könnten uns das Problem mit dem Zoll, oder eine der vielen anderen Schwierigkeiten, mit denen wir uns täglich herumschlugen, selbst geschaffen haben, war ich bis dahin noch nicht einmal im Traum gekommen. Wieso in aller Welt hätten wir das tun sollen? Die Vorstellung war einfach absurd.

Trotzdem hatte sich dieser Gedanke bei mir festgehakt und fing nun an mich zu beschäftigen. Wie, wenn das nun wirklich so wäre? Wenn wir tatsächlich die Regisseure des Stückes sind, das wir unser Leben nennen? Wo beginnt und wo endet dann unsere Einflussnahme? Auf der Bühne steht hinter jedem Regisseur ein Autor, der die Handlung festgelegt und jedem Spieler seine Rolle zugewiesen hat. Wie ist das im Leben? Wenn ich der Regisseur meines Stückes bin, ist Gott dann mein Autor, oder sind wir Menschen Stückeschreiber und Regisseure in einem?

Wenn ich die Botschaft soeben richtig verstanden hatte, müsste man eigentlich davon ausgehen. Doch welche Rolle in unserem Leben spielt dann Gott?

Und eine weitere Frage tauchte auf: Rund sechs Milliarden Menschen gibt es derzeit auf der Erde. Das wären sechs Milliarden Autoren und Regisseure, die ohne jede Absprache untereinander ebenso viele Stücke in die Welt gesetzt und damit zur Aufführung gebracht hätten. Ein schönes Durcheinander würden sie anrichten, wenn es da über ihnen nicht mindestens noch einen Intendanten gäbe, der auf die Einhaltung übergeordneter Interessen achtet. Was für Interessen aber wären das? Göttliche? Welche Absicht liegt einem göttlichen Interesse zugrunde?

Plötzlich wurde mir bewusst, dass es in mir seit einer ganzen Weile schon still geworden war. Die Stimme schwieg, wenn sie überhaupt noch anwesend war.

„Kannst du mir in diesen Fragen weiterhelfen?", tippte ich in die Maschine und wartete. Aber da war nichts mehr zu „hören" als der Nachhall meiner eigenen Gedanken. Wer immer in dieser Nacht mit mir gesprochen hatte, er, sie oder es hatte sich offenbar zurückgezogen.

Kapitel 3

Aus Gegnern Freunde machen

Warum machst du sie nicht zu deinen Freunden? Das erfordert denselben energetischen Aufwand, führt aber zu ganz anderen Ergebnissen. Mach sie im Geiste zu deinen Freunden, dann gehe zu ihnen und bitte sie um ihre Hilfe. So einfach ist das.

Als ich den Wagen im Hafen neben dem Zollamt zum Stehen brachte, lief gerade die Fangflotte ein. Gerne hätte ich mich jetzt an die Quaimauer gestellt und beim Ausladen zugeschaut, doch leider hatte ich etwas anderes zu tun.

Ich nahm mir nochmals die Botschaft vor, die ich vor wenigen Stunden empfangen hatte. Es konnte nicht schaden, sich auf das bevorstehende Gespräch so gut wie möglich vorzubereiten.

Denke daran, es ist DEINE Situation.

DU hast sie geschaffen.

Also entscheidet auch niemand anderes als DU, wie die Geschichte weitergeht.

An dieser Stelle hatte ich beim Aufschreiben meinen neuen Ratgeber zum ersten Mal unterbrechen müssen. Das las sich gerade so, als sei ausgerechnet ich der Herr des Verfahrens und die Zollbeamten würden sich mit einer Statistenrolle zufrieden geben.

Dabei lagen die Dinge doch ganz klar genau anders herum. Ich war vorgeladen worden, musste den Zollfahndern Rede und Antwort stehen und hatte in diesem Augenblick keine Ahnung, wie viel nach diesem Gespräch von mir noch übrig geblieben sein würde.

„Inwiefern sollte es meine Entscheidung sein, wie die Geschichte weitergeht? Was habe ich denn schon in der Hand?"

Alles, wenn du mich fragst. Nichts, wenn du

dich fragst.

„Aber ich frage dich doch!"

Nein, das tust du nicht. Du hast deine Frage an dich gestellt und dir sicherheitshalber auch gleich die Antwort gegeben. Sie lautet:

DAS IST EINE VON DEN SITUATIONEN, IN DENEN MAN WIEDER EINMAL ÜBERHAUPT NICHTS MACHEN KANN!

Das ist der Punkt, an den du in deinem Leben immer wieder zurückkehrst. Wenn du vor einem Problem stehst, meinst du zwar, dass du dir Mühe gibst es zu lösen, aber es steckt keine Kraft in deinen Unternehmungen. Ihnen fehlt das Vertrauen in deine wunderbaren schöpferischen Fähigkeiten.

Tief in deinem Herzen glaubst du nicht wirklich daran, an einer gegebenen Situation etwas ändern zu können. Du bist wie ein kleines Kind in einer großen Welt, der es sich ausgeliefert fühlt. Niemand hat ihm jemals gesagt, dass es stark ist. Jeder hat ihm beigebracht, dass man gegen die meisten Dinge im Leben LEIDER ÜBERHAUPT NICHTS MACHEN KANN, und diesen Satz hast du bis heute nicht vergessen.

Es ist ein bequemer Satz, denn er entbindet dich scheinbar von jeder Verantwortung. Aber es ist auch ein schlimmer Satz, denn er bringt dir nichts ein. Du kommst damit nicht weiter.

Dieser Satz lähmt deine schöpferischen Kräfte.

Dadurch bist du zum Wiederkäuer deiner eigenen Ängste und Sorgen geworden. Jeden Morgen, wenn du die Augen aufschlägst, beschließt du als erstes, neue Beweise dafür zu sammeln, dass die Welt eigentlich ein ziemlich schlimmer Ort ist und man dagegen leider überhaut nichts machen kann. Du bestehst so hartnäckig auf deinem angeblichen Unvermögen die Welt zu verändern, als würdest du dafür bezahlt. Und ganz offensichtlich liebst du das Karussellfahren.

„Du meinst, ich drehe mich im Kreis herum?"

Natürlich. Das Schicksal hat dich an der langen Leine und lässt dich wie ein Zirkuspferd im Kreis herumlaufen. Ist dir jemals der Gedanke gekommen, dass diese Leine nur in deiner Vorstellung existiert? Hast du in deinem Leben jemals das Gefühl gehabt, Herr deines eigenen Schicksals zu sein?

Der Glaube an mich ist immer auch der Glaube an deine wunderbaren schöpferischen Fähigkeiten. An die dir innewohnende Kraft, mit der du Wunder vollbringen könntest, wenn du sie nur nutzen würdest!

Was aber tust du? Du zitterst schon bei dem Gedanken an das Gespräch mit den Zollbeamten. Du fühlst dich ihnen ausgeliefert und daher unterlegen. Du machst sie im Geiste zu deinen Gegnern, nur um hinterher feststellen zu können, dass du wieder einmal „Recht" gehabt hast und sie tatsächlich deine Gegner sind.

Warum machst du sie nicht zu deinen Freunden? Das erfordert denselben energetischen Aufwand, führt aber zu ganz anderen Ergebnissen. Mach sie im Geiste zu deinen Freunden, dann gehe zu ihnen und bitte sie um ihre Hilfe. So einfach ist das.

Ich war mir nicht sicher, ob es wirklich so einfach sein würde, aber ich hatte beschlossen, es mit dem Vorschlag zumindest zu versuchen. Auf der Fahrt hierher hatte ich mich bereits intensiv auf das bevorstehende Gespräch eingestimmt. Ich hatte im Geist das Bild von freundlich lächelnden Uniformierten entstehen lassen, die mit Kaffeetassen in den Händen in einem lockeren Grüppchen um mich herumstehen, sich in entspanntem Plauderton mit mir unterhalten und gemeinsam mit mir nach einer Lösung für das Problem suchen, die beide Seiten zufrieden stellt. In Gedanken hatte das prima funktioniert. Als ich jetzt die Stufen zu den Büros hinaufging, war ich mir meiner Sache zwar nicht mehr ganz so sicher wie im Auto, aber immerhin, das Bild blieb.

Und dann ging alles so einfach! In dem Augenblick, als ich den Raum betrat, wusste ich intuitiv, dass mir überhaupt nichts passieren konnte. Ich war einverstanden mit der Situation, in die ich hinein ging, sah mit einer wunderbaren, einzigartigen Klarheit, dass es nichts an ihr auszusetzen gab und ich mich gegen nichts und niemanden zu verteidigen brauchte. Was immer bei diesem Gespräch am Ende herauskommen würde, ich wusste, es würde das Beste für uns ALLE sein und diese Gewissheit gab mir eine erstaunliche Kraft.

Lächelnd ging ich auf die Beamten zu, herzlich schüttelte ich ihnen die Hände, als wären sie wirklich meine Freunde und eigenartigerweise empfand ich das auch so!

Das gab mir eine Sicherheit im Auftreten, wie ich sie schon lange nicht mehr empfunden hatte. Zwar standen die Beamten nicht gerade in einem lockeren Grüppchen um mich herum und Kaffee gab es auch keinen, insofern stimmte das von mir entworfene Bild nicht ganz, dennoch verlief das Gespräch völlig anders als beim ersten Mal. Mein Lächeln war offen, meine Stimme fest, ich fühlte mich wohl in meiner Haut und das zusammengenommen brachte die Wende.

Das Problem, das vor drei Tagen noch unlösbar zu sein schien, schrumpfte im Laufe eines einzigen Gesprächs bis zur Bedeutungslosigkeit zusammen: Auf die Nachzahlung der Mehrwertsteuer wurde verzichtet! Die Anzeigen wegen Steuerhinterziehung und illegaler Einfuhr wurden zurückgezogen! Bis zur Ummeldung des Fahrzeugs wurde der Wagen zwar tatsächlich beschlagnahmt, aber nur formal, während ich gleichzeitig als sein „*gardien*", zu deutsch als sein „Hüter", eingesetzt wurde. Ich musste also gewissermaßen unser eigenes Auto bewachen, durfte aber damit herumfahren, wie es mir beliebte. Mit anderen Worten: Das Problem war bereits vom Tisch, bevor es sich überhaupt zu einem auswachsen konnte.

Ich hatte mehr erreicht, als ich jemals zu träumen gewagt hätte und dabei hatte ich mir nicht einmal ein konkretes Ziel gesetzt! Vermutlich lag genau darin das Geheimnis: Da ich mich nicht auf ein bestimmtes Ergebnis festgelegt hatte, war ich auch nicht mit ihm verhaftet gewesen. Das hatte mir die Freiheit gegeben, souverän nach allen Seiten hin agieren zu können. Ich war tatsächlich der Herr des Geschehens gewesen, der Gestalter meiner Realität.

Anders als früher empfand ich diesen Erfolg zum ersten Mal aber nicht als persönliche Leistung. Da war mehr passiert.

Ich hatte einen Schritt getan und wusste intuitiv, dass dieser Morgen unser Leben verändern würde. In der vergangenen Nacht hatte sich für uns eine Tür geöffnet. Heute morgen hatten wir den Raum dahinter betreten. Was nun auf uns warten würde, wusste ich in diesem Augenblick noch nicht, aber was es auch sein mochte – ich spürte, dass es gut war.

Kapitel 4

Realität und Wirklichkeit

Die Wirklichkeit existiert nicht in einer bestimmten Raum-Zeit, die Realität hingegen schon. Auf eine Raum-Zeit kannst du Einfluss nehmen, und deshalb kannst du auch auf deine Realität Einfluss nehmen.

Als ich nach Hause kam, empfing Moni mich mit einem Blick, der nichts Gutes ahnen ließ. Auf dem Küchentisch lag ein Brief, auf dessen Umschlag ich schon von weitem das Logo der Électricité de France erkennen konnte. Wir waren mit der Stromrechnung im Rückstand, und der Inhalt dieses Briefes war nicht schwer zu erraten: Man wollte uns vermutlich die Stromzufuhr kappen! Und genau das stand auch drin.

„Ich muss sofort zur EDF", sagte ich, doch Moni schüttelte den Kopf.

„Du musst etwas ganz anderes. Du setzt dich jetzt an die Schreibmaschine und fragst nach, was wir tun sollen. Wenn uns hier einer helfen kann, dann ist er es."

Ich konnte mir zwar nicht vorstellen, was Gott in einem solchen Fall ausrichten sollte, aber ich kannte meine Frau. In solchen Fällen war Widerstand zwecklos. Außerdem konnte es natürlich auch nicht schaden, wenigstens einmal nachgefragt zu haben.

Im Wohnzimmer spannte ich Papier in die Maschine, schloss die Augen und wartete. Nichts geschah. Ich horchte in mich hinein, aber da war nichts. Heute morgen hatte sich die Stimme sofort gemeldet, jetzt war da nur ein großes Schweigen.

Trotzdem hatte ich das deutliche Gefühl, nicht alleine zu sein. Es war, als säße ich in einem dunklen Raum und hörte jemanden atmen. Vielleicht wurde diesmal von mir erwartet, dass ich den ersten Schritt tat?

„Darf ich dich etwas fragen?”, tippte ich unsicher in die Maschine und schickte die Nachricht in Gedanken ab in die angespannte Stille, die mich umgab. Die Antwort kam prompt:

Du kannst mich jederzeit alles fragen, was dich bewegt.

„Wie können wir das Problem mit der EDF lösen?“

Vor allem dadurch, dass du damit aufhörst, es ein Problem zu nennen.

„Aber es ist doch eines. Jedenfalls für mich!“

Es ist eine Aufgabe, aus der ihr etwas lernen könnt. Das ist etwas ganz anderes.

„Gut. Wie also können wir die AUFGABE lösen, die uns von der EDF gestellt wurde?“

Auch das stimmt so nicht. Die EDF hat keinerlei Bedeutung und sie stellt auch niemandem Aufgaben.

„Keinerlei Bedeutung? Na, ich weiß nicht...“

Die Dinge erhalten ihre Bedeutung nur durch euch. Ihr gebt ihnen die Macht, die sie jetzt über euch ausüben. Genauso könntet ihr entscheiden, ihnen diese Macht wieder zu nehmen. Denk doch nur mal an das Zollamt in Concarneau heute morgen!

„Oh, das war etwas ganz anderes. Da war ich dank deiner Hilfe gut drauf. Da habe ich mich stark gefühlt und konnte mit den Leuten einen anderen Text reden als vorher".

Meinst du wirklich, dass da nicht mehr passiert ist?

„Was soll denn noch passiert sein?"

Du hast deinen WILLEN eingesetzt. Dadurch stand das Ergebnis des Gesprächs bereits fest, bevor du das Zollamt überhaupt betreten hast. Du hast vorher bereits entschieden, wie das Spiel für euch weitergehen soll, und genau das sollst du jetzt auch tun.

„Du nennst es ein Spiel?"

Natürlich. Allerdings ist es ein ganz besonderes Spiel.

„Worin besteht die Besonderheit?"

Dass sich die Regeln verändern, je nachdem wie das Spiel verläuft.

„Wie können wir ein Spiel spielen, wenn die Regeln nicht bekannt sind?"

Ich habe nicht gesagt, dass sie nicht bekannt sind. Ich sagte, sie sind nicht festgeschrieben. Ich nenne es „Das Spiel der Wirklichkeit".

„Worum geht es dabei?"

Der Spielverlauf wird nicht mit dem Würfel, sondern mit dem Willen bestimmt. Start ist die „Ebene der ersten Wirklichkeit", Ziel ist die „Ebene der zweiten Wirklichkeit". Gewonnen hat, wer diese Ebene erreicht.

„Was sind das für Ebenen?“. Diese Begriffe hörte ich heute zum ersten Mal.

Die „Ebene der ersten Wirklichkeit“ ist das, was du als Realität bezeichnest. Sie ist die Ebene der sichtbaren Erscheinungsformen. Die eigentliche Wirklichkeit findet auf einer höheren Ebene statt. Deine Realität ist nur ein Abbild der Wirklichkeit, und zwar DEIN Abbild.

„Das heißt, es gibt noch andere?“

Selbstverständlich. So viele wie es Menschen gibt.

„Dann wäre das, was ich Realität nenne, nur eine Einbildung? Nur eine Illusion?“. Ich hatte über solche Möglichkeiten selbst schon häufig nachgedacht, aber das waren eben doch nur Gedankenspielereien geween. Theoretische Überlegungen, die mit der Realität nichts zu tun hatten und sie auch nicht verändern konnten.

Die EDF hatte uns einen Brief geschrieben. Er lag in diesem Augenblick nebenan auf dem Küchentisch und war so real, wie ein Brief nur sein konnte. Sollte ich ihn herholen, um zu beweisen, dass es ihn gab?

Das ist doch nicht der Punkt, sagte die Stimme dessen, der immer wieder auch in meinen Gedanken las.

Natürlich gibt es diesen Brief, so wie alles in deiner Realität auch existent ist. Aber was beweist das schon?

Was du Realität nennst, ist deine Interpretation der Wirklichkeit. Was du Fakten nennst, sind in Wirklichkeit Illusionen. Beides sind Interpretationen der Wirklichkeit und nicht die Wirklichkeit selber.

„Mit anderen Worten Illusion?"

Mit anderen Worten Illusion!

Ich schüttelte den Kopf. Das konnte ich nicht akzeptieren. Der Stuhl, auf dem ich saß, Illusion? Das Haus, in dem wir wohnten, Illusion? Unser Auto, die EDF, ja selbst Moni und ich, alles bloß Illusion? Niemals!

Identität ist wirklich, also seid auch ihr wirklich. Alles was du sonst aufgezählt hast ist Teil deiner Realität, aber nicht Teil der Wirklichkeit.

Die Wirklichkeit existiert nicht in einer bestimmten Raum-Zeit, die Realität hingegen schon. Auf eine Raum-Zeit kannst du Einfluss nehmen, und deshalb kannst du auch auf deine Realität Einfluss nehmen.

„Aber wie denn?", fragte ich. Ich hatte das Gefühl mich im Kreise herumzudrehen. „Was soll ich im Fall der EDF konkret tun, damit uns der Strom NICHT abgestellt wird?"

Du gehst davon aus, dass es nicht geschieht und es geschieht nicht.

„So einfach kann es nicht sein!"

So einfach ist es aber. Dein Fehler ist, du stellst dir nicht vor, was du willst, du stellst dir vor, was du nicht willst. Das ist aber genau das Gegenteil dessen, was du tun solltest.

Wenn du dir vorstellst, was du nicht willst, setzt du auch das Gegenteil dessen in die Welt, was du haben wolltest. Du erschaffst das, was du vermeiden wolltest, anstatt das zu erschaffen, was du willst.

Jeder eurer Gedanken hat genügend Kraft, um die Welt anzuhalten. Ihr seid euch dessen bloß nicht bewusst. Und so lässt du es zu, dass deine Gedanken, diese unglaublichen Energiequellen, mit denen du Realitäten erschaffen kannst, gegen dich arbeiten, anstatt dass du sie gezielt einsetzt und ihre Kraft dorthin lenkst, wo sie dir nützt. Verstehst du das wirklich nicht?

„Ich verstehe es, aber deshalb weiß ich noch immer nicht, wie ich in diesem Fall vorgehen soll. Der Strom soll abgeschaltet werden, weil wir die letzten drei Rechnungen nicht bezahlen konnten. Soll ich mir jetzt einfach vorstellen, das habe irgendwer inzwischen erledigt? Soll ich DAS der EDF schreiben?"

Du verzichtest nicht gerne auf deine Probleme, nicht wahr? Es macht dir Spaß, dich so richtig in ihnen zu wälzen. Anstatt sie mit einem Augenzwinkern aus der Welt zu schaffen, nimmst du lieber einen großen Hammer und klopfst sie fest.

Wir müssen die Kette von Ursache und Wirkung unterbrechen, die sich in eurem Leben jeden Tag um unendlich viele neue Glieder verlängert. Und deswegen sage ich jetzt folgendes: Anstatt hier zu sitzen und immer wieder neue Probleme zu erfinden, fahrt ihr zwei jetzt raus ans Meer und lasst euch für den Rest dieses Tages einfach nur einen frischen Wind durch eure verstaubten Sinne blasen. Und ihr tut es in dem klaren Bewusstsein, DASS ES KEIN EDF-PROBLEM GIBT! Genauso wie es niemals ein Zollproblem gegeben hat.

Obwohl ich heimlich meine Zweifel hatte, dass eine schlichte Meeresbrise tatsächlich in der Lage sein würde, unsere Probleme (von denen ich sehr wohl der Meinung war, dass sie existierten!) aus der Welt zu pusten, taten wir wie uns geheißen.

Wir fuhren zur *Pointe de la Torche*, ein Zipfel der Bretagne, in dem der Wind zuhause ist. Dort an dem Strand, der sich wie ein endloses, gelbes Band an der Küste entlang zieht, hockten wir an diesem Dezembermorgen, warm eingepackt, dicht nebeneinander im Sand, und ließen einfach nur das Meer auf uns wirken. Der Kopf hatte Sendepause, das hatte jeder von uns seinen grauen Zellen vorher eingeschärft und abgesehen von ein paar aufmüpfigen Versuchen, sich doch noch mit irgendwelchen überflüssigen Sorgen Gehör zu verschaffen, war schon nach erstaunlich kurzer Zeit tatsächlich Stille in uns eingetreten.

Vor uns lag das Meer, über uns war der Himmel und um uns der Wind! Stark. Kraftvoll. Allgegenwärtig. Mehr wollten wir jetzt nicht und mehr brauchten wir jetzt nicht. Wir fühlten uns geborgen, auf eine wunderbare Weise beschützt an diesem Strand, in dieser Kuhle, die wir uns mit den Händen gegraben hatten. Nichts und niemand konnte uns hier etwas tun. Wir waren eins mit allem, was uns umgab. Wir lauschten dem Meer, ließen uns vom Wind streicheln und dachten tatsächlich an nichts, an absolut überhaupt nichts! Eine köstliche Fülle breitete sich in der Stille aus, die unsere abwesenden Gedanken hinterlassen hatten. Wir waren glücklich. Auf eine sehr stille und innige Weise einfach nur glücklich.

Am Abend schrieb ich die folgende Botschaft auf:

Gratuliere. Heute habt ihr das Problem mit der EDF aus der Welt geschafft.

Und? War das nun schwierig gewesen?

Ich zog es vor, darauf besser nicht zu antworten, denn ich hatte keine Ahnung, was er damit meinte. Zu erfüllt war ich noch vom dem Zauber der Stunden am Meer, als dass ich diese Eindrücke mit den Einwänden zerstören wollte, die sich nach dieser Botschaft augenblicklich wieder zu Wort meldeten.

So schrieb ich die kleine Nachricht von Gott einfach hin wie sie kam, nahm sie als kostbares Geschenk, das ich im Herzen aufbewahren konnte und ging zufrieden und glücklich über diesen Tag zu Bett.

In dieser Nacht schlief ich erstmals seit Wochen wieder ruhig und fest durch, und als ich am nächsten Morgen erwachte, wusste ich mit einer zwar durch nichts begründeten, aber gleichwohl unerschütterlichen Gewissheit: Die Botschaft war richtig. Das Problem war gelöst – wie immer es sich lösen würde.

Und ich sollte Recht behalten. Auch in diesem Fall öffnete sich wenige Tage später eine „Tür", von der wir bis dahin nicht einmal gewusst hatten, dass es sie überhaupt gab. Wir erhielten Geld aus einer völlig unvorhersehbaren Quelle und konnten unser Problem ganz elegant aus der Welt schaffen.

Kapitel 5

Du bist Schöpfer deiner Realität

Du hast deine ganz persönliche Realität entworfen, und sie ist eingetreten. Es tritt immer genau das ein, was du wirklich willst, woran du ganz fest glaubst, und wenn es eine „harte“ Welt ist, dann findest du eine harte Welt vor.

„Wie schafft man Probleme aus der Welt?".

Ich hockte mit einem Schreibblock auf den Knien hinter meinem Marktstand und überlegte. Wie hatten wir das Problem mit der EDF eigentlich gelöst? Hatten wir es überhaupt gelöst? Ich meine, hatten WIR es gelöst? Es war aus der Welt, soviel war klar, aber was war UNSER Beitrag dazu gewesen? Doch wohl nicht bloß die Tatsache, dass wir ans Meer gefahren waren. Oder etwa doch?

Nun, wenn jemand mir das sagen konnte, dann war es Gott. Zeit zum Schreiben hatte ich reichlich, denn der Markt war flau. Kaum Kundschaft in Sicht. Diese Zeit galt es zu nutzen.

Du schaffst sie aus der Welt, indem du willst, dass sie aus der Welt sind. Du beschließt es, und es ist so.

„So einfach KANN das nicht sein", protestierte ich.

So einfach ist es aber. Du hast doch auch keine Mühe damit, jede Menge Probleme herbeizuschaffen.

Du willst sie, und du bekommst sie. Der umgekehrte Weg funktioniert ganz genauso.

„Soll das heißen, alle Probleme, die mir begegnen, sind hausgemacht?"

Alle. Jedes einzelne. Um das begreifen zu lernen, bist du auf der Welt.

Du bist auf der Welt, um zu lernen, dass du

der Schöpfer deiner Realität bist. Wenn du das erst einmal verstanden hast, gibt es keine Probleme mehr für dich, und du brauchst deine Zeit folglich nicht mehr damit zu verschwenden, sie lösen zu wollen. Du verschwendest eine Menge kostbarer Energie und in deinem Fall auch Lebenszeit für einen völligen Unsinn.

„Bitte erklär mir, wie ich es anstelle, Probleme zu erschaffen", bat ich.

Ich verstand ihn wirklich nicht. Natürlich, falls es mir einfallen sollte, den *Placier*, den ich gerade zum Kassieren auf meinen Stand zutrotten sah, mit einem fröhlichen „Na, du korrupter Hund" zu begrüßen, hätte ich damit zwar völlig Recht, würde aber auf der Stelle ein Problem haben, und zwar ein ordentliches. Aber war ich z.B. dafür verantwortlich, dass mein Marktgeschäft sich so zögerlich entwickelte? Die Ware, die ich anzubieten hatte, war von ausgesuchter Qualität. Ich kannte mich aus in der Heilpflanzenkunde und wusste meine Kunden gut zu beraten. Daran also konnte es nicht liegen. Aber woran lag es dann? Mein Marktschirm war so hübsch wie jeder andere Schirm auf dem Markt. Mein Stand war gefällig und bot etwas für's Auge. Es duftete bei mir angenehm nach Kräutern und Gewürzen. Ich war stets freundlich zu meinen Kunden. Wieso also sollte ausgerechnet ich daran schuld sein, dass die Geschäfte nicht so recht liefen?

Weil du es so beschlossen hast, mischte sich mein innerer Führer mit klarer, unmissverständlicher Stimme in meine Gedanken ein.

Es ist zwar ein unsinniger Beschluss, aber du hast ihn nun einmal getroffen, und du alleine bist für ihn verantwortlich.

Du gehst mit der festen Überzeugung durch die Welt, dass diese nicht zu ändern sei. Und nachdem du das einmal beschlossen hattest, hast du gleich noch viele weitere Glaubenssätze in die Welt gesetzt, mit der du deine Realität festgeschrieben hast.

„Was sind das für Glaubenssätze?"

Oh, das sind so hübsche Sachen wie:

„Ich bin weniger wert als andere Menschen".

„Ich werde niemals wirklich erfolgreich sein".

„Gegen den Zufall kommt man einfach nicht an".

„Niemand liebt mich so wie ich bin".

„Keinem kann ich etwas recht machen".

Dein Handeln ist voll von solchen Glaubenssätzen. Du bist davon durchdrungen wie ein nasser Schwamm. Schon bevor du etwas anfängst, hast du aufgegeben an den Erfolg deiner Sache zu glauben.

„Aber warum in aller Welt sollte ich so etwas tun?", fragte ich entsetzt.

Ganz einfach: Weil du deine Glaubenssätze bedienen musst. Du hast deine ganz persönliche

Realität entworfen und sie ist eingetreten. Es tritt immer genau das ein, was du wirklich willst, woran du ganz fest glaubst, und wenn es eine „harte" Welt ist, dann findest du eine harte Welt vor. Damit bist du – wenn auch auf eine sehr merkwürdige Weise – zufrieden. Immer wenn wieder einmal etwas daneben gegangen ist, kannst du dir auf die Schulter klopfen und dir sagen, dass du das vorher schon gewusst hast.

„Soll das heißen, meine Probleme würden sich auflösen, wenn ich von anderen Glaubenssätzen ausgehen würde?"

Das genau versuche ich die ganze Zeit dir zu erklären. Es ist deine Realität. Du gestaltest sie. Es ist dein Film, den du inszenierst. Du bist der Autor. Du hast dir das Script ausgedacht. Außerdem bist du der Regisseur, und die Hauptrolle spielst du auch noch. Du hast allen Beteiligten bis hin zum kleinsten Statisten ganz genau ins Drehbuch geschrieben, wie sie ihre Rollen zu spielen haben. Wer sollte da noch in die Handlung eingreifen und sie verändern können?

Das hörte sich einerseits ganz vernünftig an, andererseits aber auch nicht. Dieses Paar zum Beispiel, das vor wenigen Augenblicken an meinem Stand vorübergegangen war, hatte ich mit den beiden vielleicht irgendetwas zu tun? Hatte ich sie mir herbei gewünscht? Ganz gewiss nicht. Die Frau hatte mich gesehen und etwas zu ihrem Begleiter gesagt, woraufhin er einen

Blick zu mir herüber geworfen, den Kopf geschüttelt und gelacht hatte. Was war eigentlich so komisch an mir?

Siehst du, und genau das meine ich, schaltete sich mein innerer Führer ein.

Solche Dinge geschehen, weil du es so willst.

Solche Ereignisse widerfahren dir, weil du sie erschaffst!

„Ich habe überhaupt nichts erschaffen und dieses Paar schon gar nicht“, widersprach ich missgelaunt. „Die beiden kamen dort hinten um die Ecke, sind erst am Blumenstand stehen geblieben, haben bei René Äpfel gekauft und sind dann bei mir vorbei gekommen. Im Moment stehen sie am Eingang zur Markthalle und schauen zu mir herüber. Was sollte ich mit alldem zu tun haben?”

Der Geist gestaltet die Materie. Du nimmst nicht nur Einfluss auf den Verlauf der Ereignisse, die innerhalb deiner Realität stattfinden, du gestaltest diese Realität.

„Das Paar kam also nicht zufällig hier entlang?“

Natürlich nicht. Es gibt keinen Zufall. Was du Zufall nennst ist bloß eine faule Ausrede dafür, dass du keine Verantwortung für deine Realität zu übernehmen bereit bist.

Immer wenn du es nicht tust, tun es jedoch andere für dich. Deine Realität wird von den Realitäten anderer Menschen durchdrungen. Aus dem Regisseur wird ein Schauspieler, der nur noch seine Rolle, nicht aber mehr das Stück gestalten kann. Überlässt du deine Realität weiterhin anderen Menschen, wird der Schauspieler irgendwann sogar zum Statisten, der überhaupt nichts mehr zu sagen hat.

„Und das ist bei mir der Fall?“

Nein. Soweit ist es noch nicht. Noch bist du Schauspieler. Dein Film könnte heißen „Das Leben ist eine harte Nuss“ und du spielst die Rolle des Verlierers. In diesem Augenblick befindest du dich in der Szene „Auf dem Marktplatz“. Du hast sie bereits unzählige Male gespielt, du hast deinen Text perfekt im Kopf und du machst deine Sache gut. Die Rolle wurde dir auf den Leib geschrieben, und du magst sie. Sie entspricht so ganz deinen inneren Überzeugungen, und du füllst sie aus mit Leib und Seele, zeigst immer neue Facetten deines schauspielerischen Könnens. Du bist unterhaltsam. Von Künstlern wie dir lebt eine Szene. Deshalb, und weil du nie aus der Rolle fällst, lässt man dich weiterspielen. Oder anders gesagt: Es verändert sich nichts in deinem Leben.

„Wer ist „man“ und was soll das heißen, dass ich nie aus der Rolle falle?“

Mit „man“ meine ich die Kräfte der ersten Wirklichkeit. Ich befürchte allerdings, dass du diesen Zusammenhang noch nicht verstehen wirst. Lass uns das für einen späteren Zeitpunkt aufheben.

Mit „nicht aus der Rolle fallen" meine ich, dass du ein Schauspieler bist, wie ein Regisseur ihn sich nicht perfekter wünschen kann. Du kritisierst das Stück nicht, du nörgelst nicht am Text herum, du verlangst keine andere Rolle als die zu spielen, die du schon dein Leben lang aufführst, was kann sich ein Regisseur besseres wünschen?

„Vor einer Minute hast du noch gesagt, ICH sei der Autor, der Regisseur und der Hauptdarsteller. Jetzt spiele ich offenbar nur noch eine Nebenrolle. Was von beidem stimmt denn nun?"

Letzteres. Vorhin habe ich dir beschrieben, wie es sein SOLLTE. Jetzt reden wir darüber, wie deine Realität IST.

„Und du meinst, gelegentlich mal aus der Rolle zu fallen würde mir ganz gut bekommen. Ist es das, was du mir sagen willst?"

Wieso nur gelegentlich? So lange du eine Rolle spielst, bist du nicht wirklich frei. Frei bist du nur, wenn du für dich selbst spielst.

„Wie kann ich meine Glaubenssätze ändern?"

Du brauchst es nur zu beschließen.

„Und dann ändert sich alles? Wie schnell geht das?

Das liegt bei dir.

Alles was er sagte, hatte irgendwie Hand und Fuß,

aber die letzten Worte berührten mich auf eine besonders eigentümliche Weise. Ich mochte nach außen hin wie jemand wirken, der immer genau wusste was er tat, und sein Leben im Griff hatte. Auch in dieser Hinsicht war ich bestimmt kein schlechter Schauspieler. In meinem Inneren aber sah es etwas anders aus. Dort wohnte seit meiner Kindheit ein kleines, verunsichertes und verängstigtes Kerlchen und ich hielt es streng unter Verschluss. Es war mein bestgehütetes Geheimnis. Niemals durfte irgendwer von diesem Untermieter in meiner Seele etwas erfahren. Oder sollte es sich dabei am Ende sogar um meine Seele selbst handeln?

Haben Seelen eine Kindheit?, überlegte ich. Gibt es erwachsene Seelen? Wer WAR dieses Kind? Und warum wurde es nicht größer? Plötzlich fühlte ich, wie die Tränen in mir aufstiegen. Der Block auf meinen Knien verschwamm vor meinen Augen und ich fing an zu schluchzen. Zuerst versuchte ich noch dagegen anzukämpfen. Wie sah denn das aus? Hockt da einer hinter seinem Stand und heult vor sich hin. Dann aber ließ ich meinen Tränen freien Lauf. Es war mir in diesem Augenblick völlig egal, was die anderen über mich dachten.

Dicke, salzige Tropfen rollten mir über die Wangen, während sich mein Bauch schmerzhaft zusammenkrampfte. Mein Gott, tat das weh! Was für ein Kummer musste da in mir sein!

Du lässt es nicht erwachsen werden, hörte ich die Stimme in mir sagen. Sie klang jetzt sehr sanft, und wirkte unendlich beruhigend. Ich entspannte mich. Langsam versiegten die Tränen. Ich richtete mich auf, wischte mir über die Augen und sah mich verstohlen um. Aber niemand schien irgendetwas von meinem Anfall bemerkt zu haben.

Ändere dich, sagte die Stimme, und sie klang mit einem Mal sehr eindringlich.

Was du siehst, ist nicht die Wirklichkeit.
Ändere dich JETZT!

Ich betrachtete die Menschen um mich herum, die Stände, den ganzen Trubel, und plötzlich wusste ich mit einer einzigartigen, glasklaren Gewissheit, dass diese Worte richtig waren. Was ich hier sah, war nicht die Wirklichkeit. Es war eine Realität, aber es war nicht die einzige. Jeder von den Menschen, die in diesem Augenblick hier unterwegs waren, stand für seine eigene Welt, seine eigene Interpretation der Wirklichkeit.

Für einen kurzen Zeitraum hatten diese Realitäten sich gegenseitig angezogen und auf diesem Marktplatz eingefunden. Aber das war auch schon alles an Gemeinsamkeiten, was sie miteinander verband. Denn so wie sie sich anzogen, lösten sie sich auch wieder voneinander, um sich zu anderen Realitäten hin zu bewegen, von denen sie sich angezogen fühlten.

Ich war in einer ganz seltsamen Stimmung. Ich sah etwas, das sich nicht mit dem in Deckung bringen ließ, was meine Augen wahrnahmen.

Mein Blick wanderte hinüber zur Markthalle und

ich erstarrte. Dort stand noch immer dieses Paar, das an meinem Stand vorübergekommen war und noch immer blickten beide zu mir herüber. Es war, als wäre dieser Teil der Szene die ganze Zeit über wie in einem Standfoto festgehalten gewesen. Wie konnte es sein, dass die beiden sich immer noch dort befanden? Wieso waren sie nicht längst weiter gegangen?

Willst du deine Realität verändern?, fragte die Stimme.

„Ja", flüsterte ich.

Dann tu es. Tu es jetzt.

Ich wusste im ersten Moment noch nicht, was ich eigentlich verändern sollte, doch je länger ich das seltsame Paar auf der anderen Seite der Straße anstarrte, um so deutlicher formte sich in meinem Kopf ein Gedanke: Ich wollte, dass die beiden zu mir herüber kamen! Sie sollten sich in Bewegung setzen, die Straße überqueren und zu mir kommen. Und als ich dieses Bild dachte, wusste ich, dass sie genau das in den nächsten Minuten tun würden.

Es war nicht nur der Gedanke, der mir in diesem Augenblick durch den Kopf schoss. Da war noch etwas viel stärkeres im Spiel. Eine Gewissheit. Eine Vision von etwas, das in den nächsten Augenblicken zwingend eintreten musste. Es war meine Szene. Ich hatte das Script geschrieben und in dem stand, dass die beiden da drüben sich jetzt in Marsch zu setzen und zu meinem Stand zu kommen hatten.

Um mich mit irgend etwas zu beschäftigen, begann ich damit Tüten zu sortieren und Etiketten zu schreiben, als plötzlich ein Schatten über meine Auslage fiel und eine tiefe Männerstimme sagte

„Monsieur".

Fast musste ich mich zwingen den Kopf zu heben. Das war doch einfach unglaublich: Sie waren es wirklich! Ich straffte den Rücken und schaute die beiden an. Sie lächelten, ansonsten war nichts sonderlich Auffälliges an ihnen zu entdecken.

„Sie wünschen?" sagte ich mit belegter Stimme.

Kapitel 6

Interpretationen der Wirklichkeit

Ihr gebt allem, was euch zum ersten Mal begegnet, eine Bedeutung, und alles, was ihr kennt, hat bereits eine Bedeutung. Die nämlich, die ihr bereits gelernt habt.

„Wenn ich dich richtig verstanden habe, bin ich es also selbst, der sich seine Kunden vom Leibe hält?" schrieb ich in meinen Block.

Es war Sonntag. Ich hatte meinen Stand auf dem Marktplatz von Larmor Plage aufgeschlagen und betrachtete seit gut zwei Stunden das faszinierende Schauspiel, das sich da vor meinen Augen bot: Miriam, die Blumenhändlerin aus Lorient, übertraf sich wieder einmal selbst. Sie verdiente eigentlich immer gut, aber heute brach sie ihre eigenen Rekorde. Die Schlange der Kunden, die sich gleich nach Marktbeginn vor ihrem Lieferwagen gebildet hatte, war zwar manchmal länger und manchmal kürzer, aber sie riss nie ab. Die Gute kam mit dem Binden der Sträuße und dem Einwickeln überhaupt nicht mehr nach. Es war unglaublich was diese Frau für Umsätze machte.

Was in aller Welt war ihr Geheimnis? Gut, dass Franzosen viel Sinn für Blumen und deshalb immer auch Geld für ein Sträußchen übrig haben, wusste ich inzwischen. Das war auf jedem Markt zu beobachten. Außerdem war Miriam eine äußerst attraktive Frau, was ihrem Geschäftserfolg nicht im Wege stand, sondern ihr im Gegenteil einen großen Anteil an männlicher Kundschaft bescherte, die wiederum auffallend viele große und damit teure Sträuße bei der schönen Bretonin kauften. Aber auch das erklärte noch nicht diesen Erfolg. Selbst an schlechten Tagen, das hatte sie mir einmal verraten, ging sie nie mit weniger als dreitausend Francs nach Hause. An guten musste sie sich sogar eine Helferin nur für das Kassieren mitbringen.

Ich selbst hatte es heute gerade einmal auf achtzig Francs gebracht, hockte dementsprechend niedergeschlagen hinter meinen Körben und versuchte, meinen Kummer schriftlich in Worte zu fassen.

Selbstverständlich. Du alleine bist für deine Realität verantwortlich.

„Aber ich WILL das doch gar nicht! Wer will schon ERFOLGLOS sein?“

Na Du.

„Dann hilf mir mich zu ändern.“

Das kann ich nicht.

„Das KANNST du nicht?“

Das kannst nur du. Ich kann dir aber sagen, was du tun musst: Hör damit auf, den Mangel in deinem Leben zu sehen. Es gibt keinen Mangel. Es gibt nur Fülle. Unendliche, grenzenlose Fülle. Auch was du als Mangel siehst, ist eigentlich Fülle, nur steht dein Bild auf dem Kopf.

„Das verstehe ich nicht.“

Sag lieber, du willst es nicht verstehen. Du hältst an deinen Vorstellungen fest, obwohl sie dir nichts einbringen.

Polaritäten wie Mangel und Fülle gibt es nur in deiner Realität. Die Wirklichkeit ist eindeutig. Eindeutig positiv.

Was du als Mangel siehst, ist die Umkehrung von Fülle in ihr Negativ, und das geht nur innerhalb der Realität. Dort siehst du die Dinge so, wie du sie sehen willst, und was für einen Beschluss du in dieser Hinsicht getroffen hast, ist ja wohl ziemlich offensichtlich.

Schau dir Miriam an. Sie hat in ihrem Leben noch nie einen Gedanken an so etwas Negatives wie Mangel verschwendet. In ihrem Leben hat ganz allein die Fülle Platz. Und die Liebe. Aber nicht in dem Sinne, wie du es jetzt verstehst.

Ich fühlte mich ertappt und wurde rot wie ein kleiner Junge. Immer wieder vergaß ich, das mein spiritueller Führer auch meine Gedanken lesen konnte.

Innerhalb deiner Realität erschaffst du das, was für dich die größte Bedeutung hat. Was in deinem Denken an erster Stelle steht, wird real.

„Und das ist Mangel?"

Das ist in deinem Fall Mangel! Alle deine Gedanken kreisen um diesen Punkt. Damit holst du ihn in deine Welt. Deine Gedanken formen ihn und geben ihm Gestalt. Durch die Bedeutung, die du ihm beimisst, bekommt er Gewicht. Und die Angst, die du am Ende vor deiner eigenen Schöpfung hast, verleiht ihr Kraft. Die Kraft, dich jetzt wirklich einzuschüchtern. Du hast es zwar noch immer mit einer Illusion zu tun, aber auch vor denen kann man natürlich Angst haben. Sofern man vorher dafür gesorgt hat, dass sie möglichst furchterregend aussehen.

„Was ich als Mangel erlebe ist nur eine Illusion?", fragte ich ungläubig. Das kam mir nun doch entschieden zu einfach vor. Dieser Mangel hatte immerhin sehr reale Ausdrucksformen.

Beispielsweise konnte ich ihn auf unseren Bankauszügen nachlesen, die seit Monaten nur noch rote Zahlen auswiesen. Ich sollte einmal in unsere Filiale gehen und dem Kundenberater erklären, dass seine Auszüge und unsere Kontostände eigentlich nur Illusion seien und er sich deshalb keine grauen Haare wachsen lassen solle. Was er mir wohl antworten würde?

Mangel erlebte ich jedes Mal, wenn ich in den Kühlschrank schaute. Alles nur Illusion? Von wegen. Die ständige Abwesenheit der vielen leckeren Dinge, auf die ich oft Appetit hatte und die das Leben erst lebenswert machten, war doch wohl ziemlich real.

Siehst du, genau das meine ich, mischte sich Gott an dieser Stelle in meine Gedanken ein.

Je mehr du unter der Illusion leidest, ihr müsstet ein Leben in Mangel führen, um so realer wird sie für dich. Dass etwas nur eine Illusion ist, bedeutet schließlich nicht, dass sie nicht real äußerst existent sein kann.

Bedrohlich. Furchterregend. Ausgerüstet mit allem was nötig ist, um dir tüchtig Angst zu machen.

Indem du den Mangel in den Rang einer Realität erhebst, erschaffst du ihn und sorgst du dafür, dass er ungehindert wachsen und gedeihen kann. Er wird ständig größer und damit natürlich auch ständig unangenehmer.

„Wenn der Mangel, den ich empfinde, eine Illusion WÄRE“, sagte ich gedehnt, „müsste ich sie dann nicht auch als solche durchschauen können?“

Natürlich. Aber du tust es nicht.

„Ist das ganze Leben Illusion.“

Nein. Dein Leben ist wirklich. Aber was du in dein Leben hinein interpretierst ist Illusion.

„Also frage ich anders: Wie schaffe ich es, die Illusion zu durchschauen, mein Leben sei von Mangel bestimmt?“

Indem du es beschließt. Das ist der erste Schritt.

„Und was ist der zweite?“

Du entziehst der Illusion ihre Existenzgrundlagen, indem du sie nicht mehr ernst nimmst. Du beachtest sie einfach nicht mehr. Du entziehst ihr ihre Bedeutung. Du erkennst sie als nicht mehr relevant für dein Leben an.

„Ich verstehe“, schrieb ich begeistert in meinen Block, denn das gefiel mir. „Ich jage sie zum Teufel, ich gebe ihr einfach einen Tritt.“

Nein, schon wieder verkehrt. Wenn du die Illusion zum Teufel jagst, nimmst du sie zu wichtig. Warum solltest du dich mit etwas beschäftigen, das überhaupt keine Bedeutung für dich hat?

Jeder Gedanke, den du an eine Bedeutungslosigkeit verschwendest, gibt ihr Kraft und war damit ein Gedanke zuviel. Indem du sie einfach nicht mehr ernst nimmst und sie nicht mehr beachtest, verliert sie ihre Kraft. Sie wird vor deinen Augen schrumpfen und eines Tages ganz aus deinem Leben verschwunden sein. Und das kann schneller gehen, als du dir das vorstellen kannst.

Ich grübelte. Da war etwas dran. Wenn ich es recht überlegte, befasste ich mich von morgens bis abends mit Dingen, die wenig oder gar keine Bedeutung für mich hatten. Das tat ich vermutlich seit ich auf der Welt war, und ich kannte niemanden, der etwas anderes von sich hätte behaupten können. Gleichzeitig nahm ich alle diese Dinge enorm wichtig. Er hatte Recht, da stimmte etwas nicht.

Hatte dieser Heilpflanzenhandel vielleicht irgendeine wirkliche Bedeutung für mich? Wohl kaum. Wenn ich ehrlich mit mir war, bedeutete er mir gar nichts. Gleichzeitig nahm ich ihn aber ungeheuer wichtig. Es war mir ganz und gar nicht egal, wie sich das Geschäft entwickelte oder was meine Kollegen an den Nachbarständen von mir dachten. Diese Wichtigkeit, die ich den Dingen gab, machte mich aber gleichzeitig abhängig von ihnen. Sie kostete Kraft, Aufmerksamkeit und viel Zeit.

Andererseits, war das nicht vollkommen normal? Wie sollte ich jemals eine Sache gut machen, wenn ich ihr nicht meine volle Aufmerksamkeit schenkte, wenn ich ihr keine Bedeutung gab?

Was ihr unter Bedeutung versteht, ist nichts anderes als eure Bewertung der Dinge.

In Wirklichkeit hat nichts eine Bedeutung. Das wiederum macht es wichtig, wenn auch nicht in dem Sinne, wie du es verstehst.

„Im Augenblick sprichst du in Rätseln".

Das ist nicht rätselhaft. Ihr gebt allem, was euch zum ersten Mal begegnet, eine Bedeutung, und alles, was ihr kennt, hat bereits eine Bedeutung. Die nämlich, die ihr bereits gelernt habt.

Ihr bringt es nicht fertig irgendetwas zu betrachten, ohne es zu erklären und ihm eine Bedeutung zu verleihen.

Auf diese Weise erschafft ihr täglich eure Realität neu oder ihr bestätigt sie. Alles in eurer Welt hat seinen Namen, hat seine Bedeutung, und steht an seinem festen Platz. Bringt jemand Unordnung in diese scheinbare Ordnung, geratet ihr durcheinander.

„Aber was ist daran so schlimm, wenn wir unsere Realität bestätigen? Wir leben doch darin? Ich jedenfalls brauche einen bestimmten festen Rahmen, an dem ich mich orientieren kann. Wenigstens die groben Linien müssen erkennbar sein."

Auch die Realität zu bestätigen ist eine Form sie zu gestalten. Allerdings eine, bei der ihr nicht die Verantwortung für euer Tun übernehmt.

Ihr seid mit allem verbunden und nichts geschieht zufällig. So lange ihr aber diesen Zusammenhang nicht sehen wollt und stattdessen versucht, die Verantwortung immer so weit wie möglich von euch weg zu schieben, so lange seid ihr die Gefangenen eurer eigenen Realität, nicht ihre Schöpfer und Gestalter. Ihr bewegt euch innerhalb der „groben Linien, innerhalb des „festen Rahmens", den du für so wichtig hältst, aber ihr kommt keinen Schritt weiter.

„Dann ist der Markt, wie ich ihn erlebe, eine Realität, die ich gestalte?"

Selbstverständlich. Zur Zeit bist du erfolglos, weil das zu deiner Interpretation davon gehört, was dir im Leben angeblich zusteht und was nicht.

„Und ich brauche bloß zu beschließen erfolgreich zu sein, um das zu ändern?"

Richtig. Allerdings darfst du es nicht mit dem Kopf beschließen. Beschlüsse, die auf der Ebene des Verstandes getroffen werden, sind immer nur Bestätigungen deiner Realität, sie können niemals wirklich zu Veränderungen führen.

Dein Verstand ist ja der Urheber sämtlicher Interpretationen, mit denen du deine Realität ständig neu bestätigst. Von ihm darfst du keine Hilfe erwarten, wenn du es auf einen grundsätzlichen Paradigmenwechsel anlegst.

„Auf welcher Ebene soll ich dann diesen Beschluss fassen?“

Auf der Ebene des freien Willens.

„Aber ich will doch gar nicht wirklich erfolglos sein. Das bestreite ich ganz entschieden! Ich will stattdessen Erfolg haben. Jetzt und hier und immer und überall. Aber es funktioniert nicht.“

Du sprichst davon, etwas zu WOLLEN. Ich rede von deinem WILLEN. Das eine hat mit dem anderen nicht das Geringste zu tun.

Du kannst dort stehen bleiben wo du bist, dann wirst du die Welt jeden Tag neu bestätigen und nichts wird sich für dich verändern. Oder du änderst dein Leben, indem du deine Auffassung über das Leben änderst. Sobald du das tust, wird nichts mehr so sein wie es vorher war.

Viele Menschen ändern ständig irgend etwas an ihrem Leben, ohne sich wirklich verändern zu wollen. Sie legen die eine Gewohnheit ab und nehmen dafür eine andere an, sie basteln pausenlos an sich herum, bloß weil ihnen jemand gesagt hat, dass das gut oder wichtig für sie sei. Dabei merken sie nicht, dass sie lediglich die Interpretationen der Wirklichkeit anderer Menschen ganz oder teilweise zu ihrer eigenen gemacht haben. Mit Veränderung, wie ich sie meine, hat das überhaupt nichts zu tun.

„Erklär mir die Veränderung wie du sie meinst."

Du musst akzeptieren, dass du für deine Realität verantwortlich bist. Sobald du das tust, bist du auch in der Lage sie zu gestalten. Du wirst der Schöpfer deiner Realität und das ist der erste Schritt auf dem Weg zur Freiheit. Ich nenne sie auch die ‚Ebene der Zweiten Wirklichkeit'.

„Worin besteht die Freiheit, von der du jetzt sprichst?"

In der Unabhängigkeit von jeder Interpretation und Bewertung der Wirklichkeit. Was ihr als Wunder bezeichnet, ist nichts anderes als die Unabhängigkeit von den räumlichen und zeitlichen Grenzen eurer Vorstellung von Wirklichkeit, also von eurer Realität.

Ich verlange von dir nichts anderes, als dass du die Verantwortung für die Realität übernimmst, die du gestaltest.

Sobald du das wirklich tust, wird sich dein Leben ganz von alleine verändern. Sobald du damit aufhörst, die Verantwortung für dein Schicksal anderen in die Schuhe schieben zu wollen, wirst du auch in der Lage sein zu erkennen, was für ein gewaltiges schöpferisches Potential ihr Menschen besitzt.

Du könntest der „König der Märkte" sein mit deinen Heilpflanzen – wenn du es nur wirklich wolltest. Wenn du also bereit wärest, die volle

Verantwortung für dein Leben zu übernehmen, anstatt immer wieder darauf zu hoffen, dass irgendein glücklicher „Zufall" dein Leben in eine für dich erfreulichere Richtung schubsen möge. Wobei du noch nicht einmal genau sagen könntest, was für eine Richtung das eigentlich sein sollte.

Ihr seid aufgebrochen, um mich zu finden. Das war in Ordnung, aber es genügt nicht. Denn ihr habt euch nicht überlegt, wie es weitergehen soll, nachdem ihr mich gefunden habt.

Eure Erwartung an mich war von Anfang an sehr vage, und sie ist es noch heute. Ihr habt gehofft, dass ich künftig die Verantwortung für euer Leben übernehmen würde. Ist es nicht so? Das aber ist unmöglich.

Mich gefunden zu haben bedeutet im Gegenteil Klarheit darüber zu gewinnen, dass die volle Verantwortung für euer Tun ganz alleine bei euch liegt. Glaubt nicht an mich, glaubt an die wunderbaren schöpferischen Fähigkeiten, die in euch schlummern. Glaubt an sie und weckt sie endlich auf.

Mein Bleistift flog nur so über das Papier und Seite um Seite füllte sich mit Text. Gott nahm leider keine Rücksicht darauf, dass ich nicht stenographieren konnte. Ich musste schon zusehen, wie ich zurecht kam. Nachdem ich aber die letzte Zeile aufgeschrieben hatte, war mit einem Mal Stille.

Wie von weit her drangen die Geräusche des Marktes um mich herum wieder in mein Bewusstsein. Ich vernahm Stimmengewirr und Gelächter, hörte das Rauschen des Straßenverkehrs und das Schreien der Möwen. Alles um mich herum sah aus, wie es immer aussah, und doch schien irgendetwas anders zu sein. Ich wusste nur nicht was.

Kapitel 7

Gefangene der Illusion

Gefängnisse sind überschaubare Räume. Wem es gelingt sich dort einzurichten, der führt bestimmt nicht das schlechteste Leben. Es gibt für ihn keine Fragen mehr, weil es keine Unklarheiten gibt. Aber es gibt auch keine Antworten mehr.

Planetenkräfte, magische Öle, heilkräftige Edelsteine, Jenseitskontakte, Zukunftsprognosen, Schutzmagie (neu! jetzt auch für Geschäftsleute!). Katzenpfoten aus dem peruanischen Regenwald und Schamanen- Amulette aus Tibet. Pendelarbeit, Partnerzusammenführung, Hexen, Magie, Geistheilung per Telefon, Dreimarkfünfundsechzig die Minute.

Ich blätterte in einer esoterischen Illustrierten und staunte nicht schlecht über das Angebot im Anzeigenteil. Es schien in dieser Szene nichts zu geben, was es nicht gab. Allerdings wirkten die Angebote in den wenigsten Fällen besonders vertrauenerweckend.

Die Menschen auf den Fotos lächelten ein Einheitslächeln, als hätten sie alle denselben Fotografen, und jeder schien mir zurufen zu wollen: „Siehst du, ich hab's geschafft. Jetzt schick mir dein Geld und ich sage dir, wie auch du es schaffen kannst."

„Ich mag mich irren", tippte ich in meine Maschine, „aber neun von zehn solcher Angebote wirken auf mich unseriös."

Du musst sie nicht annehmen.

„Natürlich nicht. Aber ich finde es ärgerlich zu sehen, wer alles auf der Esoterik-Welle reitet."

Warum ärgert dich das?

„Es schadet dem Ruf der Branche. Macht alles kaputt."

Was hat das mit dir zu tun?

„Mit mir? Überhaupt nichts. Außer vielleicht, dass man selbst weniger ernst genommen wird, wenn man sich für diese Dinge interessiert."

Was spielt es für dich für eine Rolle, ob du ernst genommen wirst?

Das Gespräch begann eine Wendung zu nehmen, die mir nicht so recht gefallen wollte. Wieso war ständig von mir die Rede?

„Es nagt an meinem Selbstwertgefühl", gab ich zu.

Du verschwendest deine Energie. Nichts ist seriös und nichts ist unseriös. Nichts ist wichtig und nichts ist unwichtig, aber alles hat Bedeutung. Es geht darum, die Bedeutung dessen zu erkennen, was dir auf deinem Weg begegnet, nicht es zu bewerten.

Vielleicht versteckt sich gerade in diesen Anzeigen eine wichtige Nachricht für dich? Vielleicht findet ein anderer gerade in diesem Augenblick dort genau das, was er sein ganzes Leben lang gesucht hat. Willst du das ausschließen?

Wenn du die Dinge bewertest, gibst du Antworten, bevor du dir überhaupt die Fragen dazu gestellt hast. Ergebnis: Du glaubst, alles zu wissen und hast doch nichts verstanden.

Wenn du die Dinge bewertest, betrachtest du die ihre Oberfläche ohne ihr Wesen zu erkennen. Und schon gar nicht verstehst du die Botschaften, die sie enthalten.

Alles hat Bedeutung, solange du es mit wachen Sinnen und offenem Herzen unvoreingenommen betrachtest.

Alles ist mit allem verbunden. Schlag die nächste Zeitung auf, und du findest dort die Antworten auf alles was dich bewegt, solange du offen und ohne vorgefasste Meinung bist. Wertest du aber die Dinge, wirst du nur ganz gewöhnliche Nachrichten dort finden.

Ich hatte von dieser Technik bereits gehört. Man stellt eine Frage, öffnet ein Buch, eine Zeitschrift oder eine Zeitung an einer beliebigen Stelle und findet seine Antworten dort, wo das Auge als erstes haften bleibt. Jedenfalls hatte ich das so verstanden. Mir selbst war es allerdings bisher noch nie gelungen, auf diese Weise zu irgendwelchen Erkenntnissen von Bedeutung zu kommen.

„Ist es nicht ganz normal, dass wir die Dinge bewerten? Wenn wir sie nicht irgendwo einordnen, wie sollen wir unsere eigene Position bestimmen können?“

Schau aus dem Fenster. Was siehst du?

Obwohl ich natürlich genau wusste, was ich vor dem Fenster sehen würde, hob ich den Kopf und spähte in die einbrechende Dämmerung. Wie erwartet fiel mein Blick zuerst auf die große Eiche an der Mauer zum Nachbargrundstück. Von dort wanderte er über Scheune, Stallungen und die übrigen Gebäude des Gehöftes der Capitaines nebenan. Ich sah einen Traktor, einen Hund, der den Hof überquerte, einen Hänger voll Pferdemist und schließlich auch Monsieur Capitaine persönlich, wie er gerade den Hof überquerte und in einem Geräteschuppen verschwand. Ich wandte mich wieder meiner Schreibmaschine zu und listete detailliert auf, was ich gesehen hatte.

Du hast nichts von alledem gesehen. Alles was du getan hast war die Bilder zu bestätigen, die du vorher schon im Kopf hattest.

Jeden Tag wenn du durch dieses Fenster schaust, tust du dasselbe. Du bestätigst, dass die Welt so ist, wie du gelernt hast, dass sie ist, nur damit du deine innere Haltung nicht verändern musst.

„Niemand hat mir beigebracht, wie der Hof von den Capitaines auszusehen hat. Er ist wie er ist“, widersprach ich.

Oh nein, das ist er nicht. Wenn du auf das Dach der Scheune schaust, siehst du keine Ziegel, sondern du siehst das Moos auf den Ziegeln. Du siehst das Moos, weil es dich stört. Es könnte dir egal sein, aber es ist dir nicht egal. Deshalb bist du unfähig, die Ziegel so zu sehen, wie sie sind.

Du siehst, dass der Hund hinkt und findest, dass jemand mit ihm zum Tierarzt gehen sollte. Du hast beobachtet, dass der Traktor oft im Regen steht und wunderst dich über die Gleichgültigkeit deiner Nachbarn in dieser Angelegenheit. Du hättest den Pferdemist längst auf die Felder gefahren und schaust jeden Morgen nach, ob der Hänger noch im Hof steht.

Du hast dir von allem ein Bild gemacht, weil du Bilder brauchst, um deine eigene Position darin zu verankern. Du machst dich abhängig von einer Welt, die es nur in deiner Vorstellung gibt. Jede Wertung schreibt ein neues Bild fest, und mit jedem Bild, das du festgeschrieben hast, wirst du ein Stück unbeweglicher.

Am Anfang sind die Bilder, aus denen sich deine Realität zusammensetzt, noch in Bewegung. Mit der Zeit und mit wachsender Enttäuschung darüber, dass sich alles im Leben immer nur zu wiederholen, aber nicht wirklich weiter zu entwickeln scheint, wird diese Bewegung langsamer, bis sie eines Tages zum Stillstand kommt.

Die Fragen an die Welt, die du einmal hattest, sind vergessen. Dein Bild von der Welt ist seit langem unverändert. Du kennst es in- und auswendig. Es hat keine Überraschungen mehr für dich. Es ändert sich nicht mehr, und du änderst dich auch nicht.

„Aber warum, in aller Welt, sollte ich es auf so etwas anlegen?“, fragte ich erschrocken. Die Worte beunruhigten mich außerordentlich und ich fragte mich, warum er ausgerechnet mir das sagte.

Weil es dir ein Gefühl von Sicherheit gibt. Gefängnisse sind überschaubare Räume. Wem es gelingt, sich dort einzurichten, der führt bestimmt nicht das schlechteste Leben. Es gibt für ihn keine Fragen mehr, weil es keine Unklarheiten gibt. Aber es gibt auch keine Antworten mehr. Das Leben ist zuende, bevor das zeitliche Ende erreicht worden ist. Wer das so will, wird diesen Weg wählen. Wer Antworten sucht, entscheidet sich für einen anderen.

„Aber ich suche Antworten!", schrie ich stumm. Das einzige Geräusch im Zimmer war das Klappern der Schreibmaschine, aber in mir tobte heller Aufruhr. Warum sagte er mir das alles? Wenn jemand von sich behaupten konnte, in seinem Leben ungewöhnliche Wege beschritten zu haben, dann war ich das doch wohl.

Doch ich wusste gleichzeitig auch, dass er Recht hatte. Meiner Seele ist es egal, welche Wege ich in meinem Leben gehe und ob sie spektakulär sind oder nicht. Sie interessiert sich einzig dafür, was sie daraus lernen kann. Aber ging ich auch den für mich richtigen Weg? Konnte ich sicher ausschließen, dass ich mich nicht gerade auf das Ende einer Sackgasse zu bewegte, ohne es zu wissen?

Es gab so viele Wege, so viele Ansätze, so viele Möglichkeiten.

Der Lebensbaum der Kabbala. Die heilige Schrift. Das Wissen der Mystiker, das geistige Gesetz von Ursache und Wirkung, das den Willen mit der Imagination verschmelzen lässt, um die Idee zu formen, die sich zu physischer Wirklichkeit manifestiert. Die sieben Welten: Gott, Reine Geister, Göttliche Geister, Lebens-Geister, Denken, Verlangen und Physische Welt. Das Sieben-Prinzip von Schöpfung und Evolution, sieben Chakren, sieben heilige Sakramente – so vieles war schon entdeckt und gedacht worden.

So viele Wege gab es, die ich hätte beschreiten können. Hatte ich mich für den richtigen entschieden? Oder stand ich hier vielleicht vor meiner letzten Umkehrmöglichkeit?

Wir waren aufgebrochen, Gott zu finden, und nun, wo wir ihn gefunden hatten, unterhielt ich mich mit ihm nicht etwa über die Gesetze des Universums, sondern über hinkende Hunde im Hof des Nachbarn, über dessen Pferdemist und meine Wochenmärkte.

Andererseits hatte ich den Eindruck, genau damit bis jetzt weiter gekommen zu sein, als mit all den Bruchstücken meines bisher recht wahllos angelesenen Halbwissens zusammengenommen.

> Es geht darum dort zu beginnen, wo du gerade stehst. Die Erkenntnisse anderer sind nutzlos für dich, wenn du sie nicht selbst auch für dich erkannt hast. Das Wissen anderer ist ohne Bedeutung, wenn es dir nicht hilft, dein nächstes Problem zu lösen.
>
> Es hat wenig Sinn nur davon zu lesen, dass du deine Realität gestalten kannst, wenn du nicht in der Lage bist es zu tun.

Realitätsgestaltung. Da waren wir wieder einmal an dem Punkt, an dem ich einfach nicht weiter kam.

„Wenn du von diesen Dingen sprichst, erscheint alles so klar und einfach. Versuche ich aber anzuwenden, was du sagst, stecke ich sofort fest."

Wenn du so denkst, ist das auch kein Wunder, oder? Du rüttelst zwar immer wieder gerne an den Gitterstäben deines Käfigs, aber in Wahrheit liegt dir gar nicht so viel an der Freiheit. Im Grunde willst du, dass alles so bleibt wie es ist. Es soll nur etwas schöner und bequemer sein und dafür sollen andere sorgen. Am besten ich.

Wenn du deine Realität gestalten willst, musst du sie bewusst verändern, indem du die Verantwortung für dein Tun übernimmst. Dadurch erkennst du an, dass du nichts mehr dem Zufall in die Schuhe schieben kannst, wie du das bisher gerne getan hast und immer noch am liebsten tun würdest. Es gibt aber noch einen weiteren Punkt, über den wir sprechen müssen: Was du Realität nennst, ist ein Zusammenspiel von Energien, die aus den verschiedensten Quellen gespeist werden.

Was du mit deinen Sinnen wahrnimmst, sind die Ausdrucksformen dieses Zusammenwirkens, die manifest gewordenen Ergebnisse also.

Wenn du die Realität gestalten willst, darfst du nicht bei den Ergebnissen beginnen. Du musst zu einem sehr viel früheren Zeitpunkt

Einfluss nehmen.

„Nämlich wann?“

Bevor die Energie sich manifestiert hat, natürlich. Je später du beginnst, um so schwieriger wird es.

Dein Verstand wird dir immer versuchen einzureden, dass an der Wirklichkeit nicht zu rütteln sei und niemand mit dem Kopf durch die Wand könne und so weiter und so weiter. Ich denke, das kennst du gut. Deshalb musst du lernen energetisch zu arbeiten, bevor sich die Energie manifestiert hat.

Ich fühlte eine Welle von Hoffnungslosigkeit in mir aufsteigen. Wie sollte ich das jemals begreifen? Und vor allen Dingen: Wie sollte ich das in die Tat umsetzen? Ich brauchte mich doch bloß umzusehen: Wohin ich auch blickte, alles in meiner Umgebung schien so unveränderbar und festgefügt, dass mir die bloße Vorstellung, ich hätte zu irgendeinem Zeitpunkt darauf Einfluss nehmen können, geradezu absurd vorkam.

Mein Blick fiel auf die Schreibmaschine auf dem Tisch vor mir. Das beigefarbene Produkt aus Kunststoff, Metall und Elektronik, war eindeutig ein Bestandteil meiner Realität. Gab es an ihr von meiner Seite aus noch irgendetwas zu gestalten? Natürlich nicht. Ich könnte sie grün lackieren oder sie zerstören, wenn ich zum jetzigen Zeitpunkt noch irgendeinen Einfluss auf Form und Funktion nehmen wollte, aber das war mit Realitätsgestaltung ganz bestimmt nicht gemeint.

Genauso verhielt es sich mit allen anderen Dingen um mich herum, die meine Wirklichkeit ausmachten. Sie waren da und damit basta. Ich konnte sie sehen, anfassen, riechen, hören und schmecken. Ich konnte das eine oder andere in meiner Umgebung sicher auch ein wenig manipulieren, aber ich konnte sie nicht wirklich verändern. Was, in aller Welt, war also mit Realitätsgestaltung gemeint? Wo war ihr Anfang und ihr Ende, wo waren ihre Grenzen?

Ich stützte den Kopf auf die Hände und starrte aus dem Fenster. Draussen war es dunkel geworden. Der Hof von Nachbar Capitaine war nur noch in Umrissen zu erkennen, die sich schwarz gegen den nachtblauen Himmel abzeichneten. Bald würde der Mond aufgehen. Im Licht der Straßenlaterne konnte ich unser Auto an der Mauer stehen sehen. Ein Fahrradfahrer tauchte im Lampenschein auf und verschwand wieder in der Dunkelheit. Irgendwo balgten sich zwei Katzen – das war sie, meine Realität in diesem Augenblick.

Und dann war es irgendwie passiert. Ich hatte es weder gewollt noch geahnt, und es traf mich völlig unvorbereitet. Mir war mit einem Mal, als würden meine Augen etwas wahrnehmen, was ich selbst bis dahin noch nie gesehen hatte:

Konturen, Farben und Formen der Dinge vor meinen Augen begannen zu verschwimmen, lösten sich auf, wurden von der Dunkelheit verschluckt, als hätte man schwarze Tinte in ein Gefäß buntschillernder Farbtöne gerührt, tauchten aus der Nacht wieder auf, leuchtender und strahlender als zuvor, und verschmolzen zu schimmernden Lichtbögen, die sich, schneller und schneller werdend, in spiralförmiger Drehung zu einem einzigen, großen Lichtwirbel vereinigten. Es war ein konzentrischer Ausbruch von Schönheit und Kraft, der sich immer wieder aufs Neue selbst zu gebären schien, Lichtwirbel um Lichtwirbel in die Nacht spie und diese wieder einsog in den Mahlstrom von Energie, die zeitlos und endlos im Raum zu kreisen schien und dort kreisen und wirbeln würde bis ans Ende aller Tage.

Ich sah das nicht, wie man eine unerwartete Erscheinung sieht. Ich war weder sprachlos noch erschrocken oder auch nur verwundert. Ich überlegte nicht, ob das, was ich gerade sah, überhaupt möglich war, oder ob mein Verstand mir gerade einen Streich spielte. Soweit ich mich erinnere, dachte ich damals an überhaupt nichts. Ich saß einfach da und staunte wie ein kleines Kind, das sein erstes Feuerwerk am Himmel erblickt, überwältigt von der ungeheuren Schönheit des Schauspiels, das sich da meinen Augen bot.

Siehst du, was ich meine?, hörte ich Gott in mir sprechen.

Hast du es jetzt verstanden? Alles ist in dir angelegt. Du brauchst nicht zu suchen. Alles was du tun musst ist dich zu öffnen. Es geht nicht darum, was du weißt, was du gelesen und was du im Kopf hast. Es kommt darauf an, dass du VERSTEHST. Aber nicht mit dem Kopf, sondern mit dem Herzen!

Du musst lernen, mit dem Herzen zu denken, zu sehen und zu entscheiden. Du musst lernen dich zu öffnen, wenn du die Schranken deines Bewusstseins überwinden willst.

Du denkst zuviel über alles nach. Dabei kann dich dein Verstand doch nur an deine Grenzen führen, niemals darüber hinaus. Wenn du diese Grenzen überschreiten willst, kann dein Verstand dein Führer nicht sein. Wie sollte er dich in einer Landschaft führen, die er selbst noch niemals betreten hat und die er auch niemals betreten wird?

Die Welt deines Verstandes ist die Ebene der Ersten Wirklichkeit. Nur hier kennt er sich aus, wo alles seinen „Sinn" hat, wo jedes Einzelteil sich in das Bild einfügt, das er sich von der Welt gemacht hat. Wie die Welt WIRKLICH ist, wird er niemals erfassen. Er ist zufrieden, solange er für alles eine schlüssige Erklärung findet. Deshalb kann er auch sehr gut ohne MICH auskommen, denn für mich gibt es keine schlüssige Erklärung.

Dein Verstand ist nicht mehr als ein Helfer. Du brauchst ihn, um dich auf der Ebene der Ersten Wirklichkeit zurechtzufinden. Er kann nur erfassen, was er bereits gesehen, gehört, oder auf irgendeine andere Weise erfahren hat. Alles übrige gehört für ihn in die Welt des Glaubens, und das ist nicht die seine, weshalb er sie meidet wo er kann.

Verstand ist immer rückwärts gerichtet. Er kann nur in die Vergangenheit blicken, das dort vorhandene Material an Erfahrungen sichten und daraus seine Schlussfolgerungen für die Zukunft ziehen. Der Geist ist anders gepolt. Er blickt nach vorne, sucht seine Ziele auf der Ebene der zweiten Wirklichkeit, entwickelt Visionen, wie sie erreicht werden können und setzt dann erst den Verstand ein, um sie in Raum und Zeit zu realisieren.

Der Geist ist dem Verstand deshalb stets überlegen. Der Verstand kann immer nur Werkzeug des Geistes sein.

Du hast soeben für einen winzigen Moment lang die Welt gesehen, wie sie wirklich ist. Du hast den Filter deines Verstandes ausgeschaltet und konntest so die Kraft sehen, die jedem Ding innewohnt.

Hättest du darin mehr Übung, dann stünde dir ein sehr viel zuverlässigerer Führer durch die Ebene der ersten Wirklichkeit zur Seite, als ausgerechnet dein Verstand ihn darstellt. Du könntest die Dinge sehen wie sie sind, weil du anstelle ihrer äußeren Form ihre Kraft wahrnehmen würdest. Ihre energetische Gestalt.

Du würdest lernen, über die Welt der Illusionen zu gebieten, weil du die Wirklichkeit hinter ihnen erkannt hast. Dein Wille spricht die Sprache der Kraft, denn Wille IST Kraft.

Richtest du deinen Willen auf die Kraft, die allem innewohnt, bist du auch in der Lage die Dinge zu verändern. Die Ebene der ersten Wirklichkeit, als Welt der Illusionen, hat keine Macht mehr über dich, sondern du hast Macht über sie gewonnen. Der Gefangene der Illusionen wird ihr Beherrscher.

Kapitel 8

Durch Wände gehen

Wenn du dich von der Vorstellung gelöst hast, du seiest durch Raum und Zeit gebunden, bist du auf deine heutige Interpretation von Wirklichkeit nicht länger angewiesen. Und in der sind nicht nur die Wände massiv.

„Wie geht man eigentlich durch Wände?"

Ich hatte gerade einen der besten Märkte seit langem hinter mich gebracht; mit Umsätzen, von denen ich heute Morgen nicht einmal zu träumen gewagt hätte. Jetzt saß ich bei einem Apéritif im Straßencafé, ließ mich von der Sonne bescheinen und schrieb. Was ich an diesem Vormittag erlebt hatte, konnte man nur noch als ein Wunder bezeichnen. Und alles was ich dazu beigetragen hatte war, eine Botschaft von Gott anzuwenden, die er mir am frühen Morgen geschickt hatte:

> Tue das, was du tun willst, mit weiter, geöffneter Seele. Tu es, weil du es tun WILLST, nicht weil du meinst, es müsse getan werden.

Darüber hatte ich lange nachgedacht und war zu dem Ergebnis gekommen, dass ich vermutlich 99 Prozent aller Dinge in meinem Leben aus einem Gefühl der Verpflichtung und nicht aus einem Gefühl der Liebe heraus erledigte. Ich sah mich um, was getan werden musste, machte es und hielt es damit für abgehakt.

> Ist dir klar, dass du auf diese Weise dein Leben abhakst? hatte Gott mich daraufhin gefragt.

> Alles was du tust hat Energie. Alles was du mit Liebe tust, hat positive Energie. Es ist Nahrung für deine Seele und dich hält es körperlich gesund. Alles was du ohne Liebe tust, wirkt negativ auf dich zurück. Deine Seele kann nicht daran wachsen und es macht dich auf Dauer krank.

„Aber ich kann doch nicht alles lieben", hatte ich dagegen eingewandt. Was er von mir verlangte, war mir absurd erschienen. Ich konnte mich schließlich nicht zu einem Gefühl zwingen, dass ich nicht empfand.

Liebe ist kein Gefühl, sondern eine Qualität. Dass sich dieser Zustand gut anfühlt, macht ihn doppelt angenehm, aber darauf kommt es gar nicht an.

Du bist nicht auf der Welt, um deine Pflicht zu tun. Du bist auf der Welt, um sie zu lieben.

„Ich wüsste nicht, wie ich das anstellen sollte", hatte ich genörgelt und das flaue, vor sich hin dümpelnde Marktgeschäft als Beispiel angeführt. Ich arbeitete als Markthändler, weil es derzeit keine bessere Arbeit für mich gab. Aber vom Gefühl her war sie mir herzlich gleichgültig. Von Liebe keine Spur. Im Gegenteil, an manchen Tagen war mir dieser Job sogar regelrecht zuwider.

Und dann wunderst du dich, dass es schlecht läuft? Du schickst Wellen von Ärger und Enttäuschung nach allen Seiten aus und fragst dich, warum die Menschen um deinen Stand einen Bogen machen? Das kann nicht dein Ernst sein.

„Ich kann mich doch nicht zwingen, keinen Ärger zu empfinden. Wenn ich mich ärgere, dann ärgere ich mich eben."

Du sollst dich zu überhaupt nichts zwingen. Das versuche ich dir doch die ganze Zeit zu erklären.

Tu das, was du tun willst, mit weiter, geöffneter Seele. Tue es, weil du es tun WILLST, nicht weil du meinst, dass es getan werden müsse.

Das hatte gewirkt. Aus irgendwelchen Gründen war diese Botschaft zu einem Punkt in mir durchgedrungen, von dem aus sich etwas in Bewegung setzte, was mich selbst erstaunt hatte. Ich war an diesem Morgen mit einem Gefühl tiefer Freude und Dankbarkeit auf meinen Markt gefahren. Dabei hätte ich niemandem erklären können, worüber ich mich eigentlich freute und warum ich dankbar war. Es war einfach so und es war gut.

Ich liebte das Meer, an dem ich an diesem Morgen entlang fuhr. Ich liebte den Himmel, die Wolken, den Wind auf meiner Haut, die Möwen, die Sonne, ich liebte einfach alles und es war genau so, wie es in der Botschaft stand: Es war ein Zustand des Glücks und der innigen Hingabe an alles, was mich umgab. Ich begriff an diesem köstlichen Morgen wenigstens für einen Moment lang was es bedeutet, eins mit allem und mit allem verbunden zu sein.

Die Wolken am Himmel waren keine Ansammlungen von Wassertröpfchen, die mich nichts angingen, solange sie sich nicht in Regen verwandelten und mir die Pflanzen verdarben. Sie waren ich und ich war sie. Es war alles eines und mein jubelndes Herz wusste es. Die Erkenntnis mit allem verbunden und durch nichts von Gott getrennt zu sein war durch mich hindurch gefahren wie ein blendendweißer Blitz. Tränen des Glücks standen in meinen Augen als ich an diesem einen, diesem wunderbaren Morgen begriff, was Liebe eigentlich ist.

Und so war der Markt an diesem Tag ein anderer Markt für mich gewesen. Die Menschen suchten mich, anstatt mir, wie sonst, aus dem Weg zu gehen. Sie suchten das Gespräch mit mir, sie suchten meinen Rat, und selbstverständlich kauften sie auch, was ich ihnen empfahl. Die Kasse klingelte prächtig an diesem Vormittag und so konnte ich mir nach Marktschluss endlich einmal leisten, was ich mir sonst immer verwehrt hatte: Gemeinsam mit meinen Standnachbarn auf einen Apéritif ins Bistro zu gehen.

Jetzt war ich alleine, die Kollegen waren gegangen, und ich wollte eine Frage an Gott stellen. Was ich heute getan hatte, war im wahrsten Sinne des Wortes phänomenal gewesen: Ich war durch eine Wand gegangen. Ich hatte das Gefühl, Grenzen überwunden zu haben, die mich ein Leben lang wie in einem engen Käfig gefangen gehalten hatten. Ich fühlte mich frei wie niemals zuvor, schwebte wie auf Wolken und hätte am liebsten die ganze Welt umarmt.

Dabei war mir der Gedanke gekommen, dass sich Mauern eigentlich auch wirklich durchschreiten lassen müssten. Warum sollte es nicht möglich sein, das Bistro zu betreten, ohne dafür die Tür zu benutzen. So war es zu der Frage gekommen:

„Wie geht man eigentlich durch Wände?“

Im übertragenen oder im wörtlichen Sinne?

„Im wörtlichen natürlich. Im übertragenen habe ich es ja gerade getan".

Du änderst deine Vorstellung von der Realität. Im Augenblick hast du die Vorstellung, durch Wände zu gehen sei unmöglich. Das beweist schon deine Frage. Also ist es auch unmöglich.

„Und wie kann ich meine Vorstellung ändern?"

Indem du es beschließt. Allerdings handelt es sich hier um einen Beschluss, der nicht mit dem Verstand getroffen werden kann.

Dein Verstand wird niemals die Vorstellung akzeptieren, ein Mensch könnte jemals durch Wände gehen. Das entspricht nicht seiner Vorstellung von der Welt, weil es nicht dem entspricht, was er gelernt hat.

„Wie beschließe ich es dann?"

Du beschließt es mit dem Herzen.

Du kannst durch Wände gehen, wenn es für dich wichtig ist das zu können. Es ist eine Frage deiner spirituellen Entwicklung.

„Bedeutet das: An einem bestimmten Punkt seiner spirituellen Entwicklung kann jeder Mensch durch Wände gehen?"

Nicht nur durch Wände. Wenn du dich von der Vorstellung gelöst hast, du seiest durch Raum und Zeit gebunden, bist du auf deine heutige Interpretation von Wirklichkeit nicht länger angewiesen. Und in der sind nicht nur die Wände massiv.

„Eigentlich sind sie es also nicht?"

Natürlich nicht. Nichts ist wirklich so, wie du glaubst, dass es ist, aber so lange du es glaubst, ist es so.

Deine Realität wirkt auf dich nur deshalb so unverrückbar, weil du das jeden Tag unzählige Male neu bekräftigst. Wie also kann sich etwas verändern, wenn du alles daran setzt, dass dies nicht geschieht?

Die Welt bleibt so wie sie ist, wenn du willst, dass sie so bleibt wie sie ist. Sie verändert sich, wenn du willst, dass sie sich verändert.

Es gibt genügend Beispiele, an denen du selbst schon beobachten konntest, wie gut dieses Prinzip funktioniert. Aber gerade weil es funktioniert hat, war es für dich dann nichts Besonderes mehr.

„Nenn mir ein Beispiel."

Krankheit. Ganz einfach.

Keine Krankheit kann überwunden werden, ohne den Willen gesund zu werden. Nicht einmal der kleinste Schnupfen. Du bist dir dieses Willens nicht bewusst, aber darauf kommt es nicht an. Wichtig ist, dass du ihn einsetzt und das tust du, weil du wieder gesund werden WILLST. Ohne diesen Willen könnte dir keine Medizin der Welt helfen.

Du hörst immer wieder von Fällen, in denen Kranke gesund wurden, obwohl das aus medizinischer Sicht ausgeschlossen erschien. Wie ist so etwas möglich? Nur durch den Einsatz des Willens.

„Ich höre aber genauso oft von Fällen, in denen unheilbar Kranke nicht wieder gesund geworden sind, obwohl sie mit aller Kraft gegen ihre Krankheit gekämpft haben."

Oh, da gibt es einen ganz entscheidenden Unterschied: Wenn du gegen etwas kämpfst, hast du es anerkannt. Das bringt dich in die Position des Unterlegenen. Deshalb sollst du nicht gegen etwas kämpfen, sondern für etwas.

Wenn du gegen etwas kämpfst, hast du dir einen Gegner erschaffen. Wenn du für etwas kämpfst, erschaffst du dir Freunde und dein Wille ist frei, um für dich zu wirken.

„Gut. Einverstanden. Ich sehe den Unterschied. Aber ich weiß immer noch nicht, wie ich den einen Zustand erreiche und den anderen vermeide?

Wenn ein Arzt mir eines Tages eröffnen sollte, dass ich Krebs habe, werde ich das zunächst einmal zur Kenntnis nehmen müssen. Also habe ich die Krankheit auch anerkannt, um es mit deinen Worten auszudrücken. Als nächstes werde ich es mit der Angst zu tun kriegen, denn jetzt kommen die Mediziner und sagen:

„Ohne uns hast du keine Chance, mein Freund. Ab zur Strahlenbehandlung. Ran an die Chemotherapie. Rauf auf den Operationstisch. Wie soll sich da jemand nicht ausgeliefert fühlen?

Indem du entscheidest, dass du es nicht bist. Es ist DEINE Realität. Alles, was du in deiner Realität für möglich hältst, kann möglich werden. Alles, was in ihr nicht vorkommt, ist für dich nicht existent. Das ist der Punkt, um den sich alles dreht.

Wenn euch der Zauberkünstler auf der Bühne eine Illusion vorgaukelt, klatscht ihr Beifall. Erklärt euch aber jemand wie es gemacht wurde, seid ihr enttäuscht. Warum? Weil ihr seht, dass der Trick eigentlich ganz einfach war und ihr das auch gekonnt hättet.

Ihr lasst euch nur zu gerne hinters Licht führen und haltet unter allen Umständen an den Interpretationen der Wirklichkeit fest, die ihr von Kind auf gelernt habt. Und das selbst dann, wenn sie euch außer Kummer und Schmerz nichts einbringen.

Du weißt, dass der Zauberer auf der Bühne kein richtiger Zauberer ist. Trotzdem gehst du nicht etwa mit der Hoffnung in seine Vorstellung, dass ihm nach Möglichkeit alle Tricks danebengehen. Im Gegenteil, du kaufst dir die Eintrittskarte, weil du dich ganz bewusst hinters Licht führen lassen, weil du dich einer Illusion hingeben willst. Du schaust ihm zwar genau auf die Finger, aber eigentlich hoffst du, dass er seine Sache gut macht und du deinen Spaß an seinen Künsten haben wirst.

Das ist die stillschweigende Vereinbarung zwischen euch. Nur wenn das Publikum bereit ist sich auch verzaubern zu lassen, kann die Show überhaupt stattfinden. Andernfalls ginge ja kein Mensch hin.

Mit der Realität ist es prinzipiell genau dasselbe. Auch hier gibt es eine stillschweigende Vereinbarung, und die besagt: Alles ist so, wie es zu sein scheint. In diesem Punkt seid ihr euch alle einig, weshalb sich an eurer Realität auch nichts verändern kann.

Ich aber sage dir: Nichts ist so wie es zu sein scheint, aber alles wird so, wie ihr wollt, dass es ist. Das gilt in beide Richtungen: Solange du darauf bestehst, dass man gegen bestimmte Dinge einfach nichts machen kannst, solange kannst du auch nichts gegen sie machen. Wirfst du diesen Glauben über Bord, öffnen sich in deiner Welt Türen, von denen du bis dahin nicht einmal wusstest, dass es sie gab.

„Theoretisch verstehe ich das, aber wie setze ich es praktisch um? Wie ändere ich meinen inneren Plan? Das ist doch wohl die entscheidende Frage."

Oh, da gibt es eine Menge Möglichkeiten. Kauf dir zum Beispiel ein Haus. Das lenkt dich ein bisschen von deinen trüben Gedanken ab.

„Ich habe wohl nicht recht verstanden."

Ich meine das völlig ernst. Oder wie wäre es mit einer Segelyacht? Ihr lebt an der Küste. Dir macht das Segeln Spaß. Wieso hast du dann nicht längst schon eine Segelyacht?

„Sag du es mir"

Weil das Bild in deiner Realität nicht vorkommt, natürlich. Weil du fest davon überzeugt bist, dass DIR dergleichen nicht zusteht. Ändere dieses Bild und dein Leben wird sich verändern!

„Das kommt mir unglaublich schwierig vor. Ich wüsste wirklich nicht, wie ich das anstellen sollte".

Es ist aber nicht schwierig. Es ist sogar ganz einfach. Ich schlage vor, du kümmerst dich morgen gleich nach dem Markt darum, welche Scheine du brauchst, um eine Yacht steuern zu können, wo und wann man diese Ausbildungen machen kann, was es kostet usw. Außerdem besorgst du dir ein paar Fachzeitschriften, damit du schon einmal warm wirst mit dem Thema.

„Sollten wir nicht lieber zuerst das Haus kaufen?" Eigentlich hatte er ja Recht. Ein bisschen Spaß konnte nicht schaden.

Ich mache hier keine Witze. Ich meine es vollkommen ernst. Auch um das Haus werdet ihr euch kümmern. Ihr überlegt euch genau, was für eine Art von Haus es sein soll, wie viel Platz ihr benötigt, wie viel Grundstück dabei sein muss. Ob ihr an der Küste wohnen wollt oder lieber im Landesinnern. Ob ihr ein neues oder ein älteres Haus haben möchtet, solche Sachen eben. Wenn ihr das alles wisst, macht ihr euch auf die Suche.

„Dann kann es uns aber passieren, dass wir es auch finden."

Selbstverständlich. Was hätte die Suche sonst für einen Sinn?

„Und dem Besitzer sagen wir dann: Wir würden gerne Ihr Haus kaufen, guter Mann. Geld spielt keine Rolle, weil wir sowieso keines haben. Also lassen Sie uns nur gleich den Vertrag machen"

Ich erkläre dir gerade, wie du deine Realität neu gestalten kannst, und das ist ganz und gar nicht komisch.

Bei dir stehen viele Dinge auf dem Kopf. Illusionen, über die du eigentlich lachen solltest, nimmst du für bare Münze, aber wenn es wirklich ernst wird, machst du dumme Witze.

Ihr fühlt euch abgetrennt von der Fülle, weil ihr das Prinzip der Marginalität zur Grundlage eurer Realität gewählt habt. Also sind eure Gedanken und Handlungen, eure Empfindungen und selbst eure Träume ausnahmslos darauf ausgerichtet, dieses Bild zu bewahren und es täglich tausendfach neu zu bekräftigen. Das wollen wir jetzt ändern.

„Indem wir ein Haus kaufen sollen, für das wir – realistisch gesehen – kein Geld haben?“, wagte ich trotz der Zurechtweisung einzuwerfen.

Indem ihr dem Prinzip der Marginalität eure Anerkennung verweigert und ein anderes Prinzip an seine Stelle setzt: Das der Fülle.

„Das hört sich sehr technisch an.“

Es ist mir egal, wie es sich anhört.

Am nächsten Morgen las Monika sich die Botschaft aufmerksam durch. Ich hatte sie ihr eigentlich gar nicht zeigen wollen, traute mich das am Ende aber doch nicht und reichte ihr die Seiten mit einem etwas flauen Gefühl im Magen über den Kaffeetisch.

„Das ist doch verrückt“, sagte ich, nachdem sie mit dem Lesen fertig war. „Der einzige Vorteil von diesem Unfug ist: Er beweist, dass die Botschaften ganz offensichtlich wirklich authentisch sind“.

„Wieso?“

„Weil das so bizarr ist, dass es nicht einmal mir eingefallen wäre.“

Sie lächelte, schüttelte aber den Kopf. „Du wirst genau das tun was hier steht“, sagte sie. „Heute nach dem Markt erkundigst du dich, wo und wann du den Bootsführerschein machen kannst und was das kostet. Außerdem will ich heute Abend mit dir zusammen Fachzeitschriften lesen." Der Ton, in dem sie das sagte, ließ keinen Widerspruch zu. Sie meinte es offensichtlich ernst.

„Du hältst das nicht für Blödsinn?"

„Ganz und gar nicht. Das mit dem Haus gehen wir auch heute Abend an. Bis dahin macht sich jeder von uns Gedanken, was es für eins sein soll. So und jetzt ab mit dir."

Sie schob mich zur Tür hinaus als gälte es, keine Sekunde zu verlieren. Ich wusste nicht, was ich von dem Ganzen halten sollte, setzte mich einigermaßen verwirrt ins Auto und machte mich auf den Weg nach Concarneau.

Dort hatte ich in den folgenden sechs Stunden ausgiebig Gelegenheit, Segelyachten aller Größenordnungen und Preislagen zu bewundern, denn der Marktplatz liegt am Hafen und ich hatte meinen Standplatz unmittelbar gegenüber dem *Port de Plaisance.*

Je länger ich die schnittigen Rümpfe der Schiffe betrachtete, von denen keines weniger als zwei Millionen Francs gekostet haben dürfte, um so mutloser wurde ich. Ich hatte gestern einen prima Markt gemacht, na schön, aber deshalb gleich an den Kauf eines solchen Schiffes zu denken, kam mir immer sinnloser vor. Warum hatte er nicht vorgeschlagen ein Schlauchboot zu kaufen? Oder eine kleine, gebrauchte Segeljolle. Das wäre einigermaßen realistisch gewesen, aber das hier ...

Ich beschloss, mich auf diesen Unsinn einfach nicht

einzulassen. Und wenn ich heute Abend mit Moni den größten Krach bekommen würde, es gab einfach Grenzen und die hatte sie zu respektieren. Ich war nicht bereit, mich zur Lachnummer zu machen, indem ich mich irgendwo für einen Bootsführerschein einschrieb. Das alles war doch albern!

Und keine zehn Pferde würden mich jemals über die Schwelle eines Immobilienbüros bringen! In dieser Sache biss sie sich auf jeden Fall die Zähne aus. Ich hatte mir die Angebote in den Schaufenstern der Makler heimlich schon mehr als einmal angeschaut. Aus purer Neugier. Ganz bestimmt hatte ich dabei niemals so etwas Verrücktes wie den Kauf eines der Häuser in Betracht gezogen, und das gedachte ich auch jetzt nicht tun.

Noch auf dem Heimweg war ich voll grimmiger Entschlossenheit. Je näher ich allerdings unserem Dorf kam, um so unsicherer wurde ich und als ich schließlich das Haus betrat, muss ich ausgesehen haben wie das leibhaftige Schuldbewusstsein. Moni warf mir nur einen einzigen Blick zu und lachte:

„Du hast natürlich nichts unternommen, stimmts?“

Hilflos mit den Armen rudernd, versuchte ich mich zu verteidigen, kam aber damit nicht besonders weit.

„Wir müssen unser Denken verändern“, erklärte sie, „verstehst du das denn nicht? Hier, lies dir das doch einfach noch einmal durch.“ Sie drückte mir die Botschaften der letzten Tage in die Hand, setzte mich auf einen Stuhl und ließ mich alleine.

Erst widerwillig, dann immer aufmerksamer las ich, was unser spiritueller Ratgeber zum Thema Realitätsgestaltung in letzter Zeit gesagt hatte. Es war einiges und das meiste davon wusste ich schon nicht mehr oder hatte es verdrängt.

Wenn es wirklich zutreffen sollte, das wir in unserer Realität nur antreffen, was wir selbst erschaffen haben, dann machte sowohl der Vorschlag mit dem Boot, wie auch der mit dem Haus, durchaus Sinn. Bisher war unser Denken darauf fixiert, dass wir zwar stets über die Runden kamen, uns mehr als das Nötigste aber nicht zustand. Das war unsere Wahrheit, das war unser Glaubenssatz und deshalb war es auch unsere Realität.

Sich nun in die Welt derer zu begeben, deren Leben von den Gesetzen der Fülle bestimmt wird, mochte deshalb tatsächlich Veränderungen bei uns herbeiführen. In jedem Fall würde es uns auf neue Gedanken bringen und schon deshalb wäre es einen Versuch wert. An die Yacht wagte ich mich zwar immer noch nicht heran, aber auf die Haussuche war ich, wenn auch mit Bedenken, bereit mich einzulassen.

Es stelle sich bald heraus, dass diese Bedenken wenig hilfreich für den Erfolg unserer Mission waren.

„Wir kommen einfach nicht weiter“, tippte ich eines Tages ratlos in die Maschine. Wir waren seit Wochen fleißig am Suchen und hatten ein Maklerbüro nach dem anderen abgeklappert, aber zum Vertragsabschluss war es bis jetzt noch nicht gekommen. Angebote hatte man uns selbstverständlich viele gemacht. Nur war ich im entscheidenden Moment einfach nicht bereit gewesen, meine Unterschrift unter ein solches Papier zu setzen. Mir kam es unverantwortlich vor, ein solches Risiko einzugehen und damit waren auch Monika die Hände gebunden.

„Jedes Mal, wenn ich in den vergangenen Tagen vor einem Makler oder einem Notar gesessen habe und der Vertrag aufgesetzt werden sollte, hat mich der Mut verlassen", gab ich zu. „Wovon hätten wir das Haus bezahlen sollen? Sterntaler fallen nur im Märchen vom Himmel."

Keineswegs. Das tun sie auch in Wirklichkeit, und damit auch in deiner Realität.

Du wolltest doch einmal von mir wissen, wie man durch Mauern geht, erinnerst du dich? Das hier war wieder eine, durch die du hättest gehen können.

Mauern sind nicht immer nur aus Stein. Sie können auch aus Befürchtungen, Ängsten und Vorurteilen bestehen und trotzdem härter sein als bretonischer Granit. Deine Mauer war in diesem Fall nicht dicker als das Blatt Papier, auf dem der Vertrag stand, aber du hast beschlossen, eine Wand daraus zu machen, durch die es kein Hindurchkommen gab.

Nun, das macht nichts. Es wird neue Herausforderungen geben und du wirst neue Mauern daraus machen. Aber irgendwann wird der Zeitpunkt kommen, an dem du begreifst, wovon ich rede. Dann wird dein Wille sich einen Pinsel nehmen, ihn in einen großen Eimer voll Mut tauchen und sich mit wenigen sicheren Strichen eine Tür auf die Wand vor deiner Nase malen. Du wirst diese Tür öffnen und hindurchgehen, als sei dies das selbstverständlichste von der Welt.

Und wenn du dich anschließend umdrehst, wirst du sogar entdecken, dass es niemals eine Wand gegeben hat.

Kapitel 7

Die Art des Sterbens

Es ist die letzte Erfahrung, die du deiner Seele in diesem Leben schenken kannst. Und eine sehr wichtige, denn die Art deines Sterbens ist der Höhepunkt deines Lebens.

Claudette und Miriam schluchzten so laut, dass die Worte des Pfarrers kaum zu hören waren. Wir anderen standen stumm und traurig mit gesenkten Köpfen an Walters Grab. Angie schien in ihrem Schmerz wie erstarrt zu sein. Sie sah durch uns hindurch, als wären wir nicht vorhanden.

Ihr Blick verlor sich irgendwo in der Ferne und sie sah so entsetzlich einsam aus, dass ich am liebsten zu ihr hinüber gegangen wäre und sie in den Arm genommen hätte. Statt dessen blieb ich steif und unbeholfen zwischen den anderen stehen und versuchte Abschied von einem guten Freund und Weggefährten zu nehmen.

Walter und Angie waren vor neun Jahren in die Bretagne gekommen. Sie hatten sich einen Handel mit Second-Hand Bekleidung aufgebaut, mit dem sie einigermaßen zurecht kamen. Zurecht gekommen waren, musste man jetzt ja wohl besser sagen. Ich hatte sie auf mehreren Märkten als Nachbarn neben mir gehabt, und wir waren uns in letzter Zeit recht nahe gekommen, fast Freunde geworden.

Bis dann in der vergangenen Woche dieser betrunkene Lastwagenfahrer den Kombi der beiden in einen Schrotthaufen verwandelt hatte. Angie war aus dem Wagen geschleudert und wie durch ein Wunder nur leicht verletzt worden, Walter hatte den Unfall nicht überlebt.

Es zeriss mir das Herz, sie jetzt am Grab ihres Mannes stehen zu sehen, ohne ihr in ihrem Schmerz wirklich helfen zu können. Denn was immer ich auch tun oder sagen würde, es konnte Walter natürlich nicht wieder lebendig machen. Außerdem quälte mich die Vorstellung, dass auch Moni und ich eines Tages durch den Tod getrennt werden könnten. Egal, wer von uns dann am Grab des anderen stehen würde, es musste entsetzlich sein, den Weg in dieser Welt alleine weiter gehen zu müssen. Ich war mir, was mich betraf, nicht einmal sicher, ob ich dazu überhaupt die Kraft finden würde.

Mich beschäftigte das den ganzen Tag und ich musste abends an der Schreibmaschine einfach eine Frage dazu stellen:

„Kannst du mir sagen, warum Walter sterben musste? Und warum er vor allen Dingen SO sterben musste? Zerquetscht und in Stücke gerissen von einem Haufen Blech?"

Hättest du ihm einen anderen Tod gewünscht?

„Selbstverständlich."

Was denn für einen?

Ich konnte mir nicht helfen, aber er sprach über diese Dinge in einem Ton, der mich irritierte. Die Frage und insbesondere seine Stimme hörte sich beinahe heiter an. Heiter und neugierig. Mir schien das wenig passend zu sein.

„Wenn er schon sterben musste, dann hätte ich ihm einen friedlichen Tod gewünscht. Oder wenigstens einen schnellen und schmerzlosen", antwortete ich brummig. „Aber warum musste er eigentlich sterben?"

Was ist ein friedlicher Tod für dich?

Sofort war mein Kopf wie leergefegt. Bis eben hätte ich noch schwören können, ganz genau zu wissen, was ich mir unter einem friedlichen Tod vorzustellen hatte. Jetzt wusste ich's nicht mehr.

Mein Großvater zum Beispiel war äußerst friedlich dahingegangen. Er hatte sich eines Mittags auf das Sofa gelegt, hatte die Augen geschlossen und sie einfach nicht mehr aufgemacht. Aber wie konnte ich eigentlich wissen, ob sein Tod wirklich ein friedlicher gewesen war? Gab es so etwas wie einen friedlichen Tod überhaupt?

Was ist ein schneller Tod für dich?

Diesmal fiel mir die Antwort schon leichter. Ein schneller Tod ist, wenn es, nun ja, wenn es eben ruckzuck geht, dachte ich. Wenn der Übergang vom Leben in den Tod eine Sache von Sekunden ist. Ich sagte ihm das.

Ist ein schneller Tod für dich etwas Erstrebenswertes?

„Ich würde ihn einem langsamen und qualvollen Tod jedenfalls vorziehen."

Du hast eine Menge Vorstellungen vom Tod. Aber du weißt nichts mehr von ihm. Und das macht dir natürlich Angst.

„Weißt nichts MEHR von ihm?"

Du bist viele Mal durch den Tod gegangen und kennst viele Spielarten des Sterbens. Wenn du dich daran erinnern könntest wüsstest du, dass der Tod immer gleich ist. Unterschiedlich ist nur das Sterben, doch das suchst du dir schließlich selbst aus.

„So? Wie das denn?"

Du suchst es dir nicht bewusst aus. Deine Seele trifft die Entscheidung für dich, und sie wird immer darauf achten, eine für dich gute Wahl zu treffen.

„Ich bin mir nicht sicher, ob ich das ganz verstehe?"

Du bist auf der Erde, um zu lernen. Deine Seele will wachsen, und dazu muss sie durch viele Körper und viele Erfahrungen gehen. Du weißt, dass Lernen nichts anderes ist als sich zu erinnern?

„Habe ich gelesen. Ja."

Und es ist richtig. Die Seele vergisst nichts, aber du musst nicht alles wissen, was deine Seele weiß. Sie braucht die Erfahrungen, die du in diesem Leben machst, für ihren nächsten Schritt, für ihr eigenes spirituelles Wachstum. Und zu diesen Erfahrungen kommt sie um so schneller, je weniger du von dir und deiner Vergangenheit weißt.

Je älter du wirst, und je mehr du über die Zusammenhänge begriffen hast, die du Leben nennst, um so langsamer schreitet das Wachstum deiner Seele voran, während du gleichzeitig den Eindruck hast, immer rascher mit dir weiter zu kommen. Weil du dich mit zunehmendem Alter immer mehr an das erinnerst, was du schon wusstest. Die Seele kann dir deinen Wissenschatz in dem Maße freigeben, in dem du sie mit den Erfahrungen versorgt hast, die sie für ihr Wachstum braucht.

„Und was hat das mit der Art meines Sterbens zu tun?"

Es ist die letzte Erfahrung, die du deiner Seele in diesem Leben schenken kannst. Und eine sehr wichtige, denn die Art deines Sterbens ist der Höhepunkt deines Lebens.

„Das hört sich an, als sei das Sterben etwas Großartiges."

Ist es doch auch. Was kann es für eine Seele denn Größeres geben als ihrem Ziel ein Stück näher gekommen zu sein?

„Was ist das für ein Ziel?"

Eins zu werden mit allem und zurückzukehren ins Universum.

„Wie kann die Art meines Sterbens der Höhepunkt meines Lebens sein, wenn es sich zum Beispiel um einen ganz schrecklichen oder erbärmlichen Tod handelt? Würde beisielsweise der zum Tode Verurteilte seine Hinrichtung als den Höhepunkt seines Lebens bezeichnen?"

Der Tod ist weder schrecklich noch erbärmlich. Er ist auch nicht schön oder irgendetwas anderes. Er IST einfach. Er ist ein Zustand wie das Leben und genauso wichtig für das Wachstum deiner Seele. Was du meinst ist die Art des Sterbens.

Ja, die kann in der Tat schrecklich sein – aber doch nur in deinen Augen. Doch nur durch deine Bewertungen. Für die Seele ist das Sterben, egal welcher Art es ist, nur der folgerichtige Abschluss deines Lebens und die letzte große Erfahrung, die du ihr schenken kannst. Die Seele leidet nicht. Du leidest.

Der zum Tode Verurteilte hat sein ganzes Leben lang auf diese eine große Erfahrung hingearbeitet, weil seine Seele sie brauchte. Versuch es dir einmal so vorzustellen.

Der gebrechliche, alte Mensch, der in einem Pflegeheim dahinsiecht, weil sein Wille nicht bereit ist, den Körper freizugeben und das Leben loszulassen, auch er hat diese Erfahrung gewählt, wie dein Großvater die seine.

„Kann denn unser Wille gegen uns arbeiten?"

Der Wille ist die Kraft des Geistes, die dich zu unglaublichen Leistungen befähigen kann, wenn du sie zu Lebzeiten so nutzt, dass deine Seele wachsen kann.

Der Wille kann zu deinem größten Gegner

werden, wenn du ihn so einsetzt, dass deine Seele dabei verkümmert. Dann leidet dein Körper. Er muss es ausbaden. Dann stirbst du vielleicht auf eine Weise, die du als schrecklich bezeichnen würdest. Aber das gilt immer nur für deine Sichtweisen. Für deine Seele ist auch die schrecklichste Art des Sterbens immer eine Befreiung, ein „Schritt in die richtige Richtung" könnte man sagen und damit der größte, der großartigste Augenblick deines ganzen Lebens.

„Ist es etwa das, was die Kirche meint, wenn es heißt: Gott vergibt uns auch noch in der Minute unseres Todes alle unsere Sünden?"

Genau das ist damit gemeint. Nur würde ich nicht von Sünden, sondern von Erfahrungen sprechen. Und es gibt auch nichts zu vergeben, sondern deine Seele hat sich in dem Augenblick deines Todes befreit und ist gewachsen.

Dein Freund Walter ist an den Punkt gekommen, an dem es für seine Seele nichts mehr zu lernen gab. Andere kommen schon innerhalb von Stunden, manchmal innerhalb von nur wenigen Augenblicken sogar, an diesen Punkt.

Für Eltern, deren Kind schon kurz nach der Geburt stirbt, ist der Tod eine schmerzhafte Erfahrung. Für die Seele des Kindes stellt sich das ganz anders dar, und für die Eltern ist es wiederum eine wichtige Erfahrung, die sie in ihrem Leben machen mussten.

Zur Trauer um deinen Freund sollte deshalb immer auch die Freude darüber kommen, dass er sein Ziel in diesem Leben erreicht hat und seinem höheren Ziel wieder ein Stück näher gekommen ist.

„Was für ein Ziel ist das?"

Wie ich schon sagte: Eins zu werden mit allem. Zurückzukehren ins Universum.

„Warum ist er diesem Ziel nur ein STÜCK näher gekommen?"

Weil auch die Seele ihren Weg zu gehen und zu lernen hat.

„Was hindert sie daran, direkt ins Ziel zu laufen? Wir können unsere Seelen nach unserem Tod mit irdischen Unzulänglichkeiten und Anhaftungen schließlich nicht mehr aufhalten. Also müssten sie doch frei sein zu tun was ihnen beliebt."

Nein. Auch die Seele muss einen Wachstumsprozess durchlaufen, bevor sie eins werden kann mit dem Universum, also mit mir. Auch die Seele gestaltet ihre Realitäten, genau wie du. Und lernt daran. Genau wie du.

„Das verstehe ich nicht. Die SEELE gestaltet REALITÄTEN?"

Sie gestaltet ihr jenseitiges Leben.

„Sprichst du jetzt etwa von Himmel und Hölle?"

Das sind nicht meine Begriffe, sondern eure.

Ich halte sie für missverständlich, denn sie stellen eine grobe Vereinfachung dessen dar, was jenseits des irdischen Lebens geschieht.

So wie du es hier und jetzt in der Hand hast, deine Realität zu gestalten, hat auch deine Seele diese Möglichkeit. Beide habt ihr etwas zu lernen, und jeder tut das auf seine Weise.

Du hast die Wahl, dir dein Leben zur Hölle zu machen oder dir paradiesische Zustände zu schaffen – und der Seele geht es nicht anders. Sie entscheidet, ob ihre Zeit im Jenseits eine leidvolle oder eine wundervolle und bereichernde Erfahrung wird. Allerdings entscheidet sie das nicht alleine. Du hast darauf einen ganz erheblichen Einfluss.

„Ich? Wie in aller Welt könnte ich darauf Einfluss nehmen?"

Vereinfacht gesagt so: Wenn du dir als Gestalter deiner diesseitigen Realität das Leben selbst zur Hölle machst, dann findet deine Seele auch im Jenseits nicht eben das vor, was du als paradiesische Zustände bezeichnen würdest.

Umgekehrt gilt: Je besser du in diesem Leben gelernt hast, den Weg des Herzens zu gehen, um so weiter wird auch deine Seele auf ihrem Weg kommen und um so wunderbarer wird das Erlebnis ihrer jenseitigen Erfahrungen sein.

Das ist es, was die beiden Begriffe Himmel

und Hölle eigentlich aussagen sollen. Aber es gibt eben nicht nur DEN Himmel oder DIE Hölle, das ist das Missverständliche, sondern dazwischen liegen unendlich viele seelische Gestaltungsmöglichkeiten.

„Das würde dann aber auch heißen, dass ich hier und jetzt mit dafür verantwortlich bin, wie weit meine Seele auf IHREM Weg kommen wird, richtig?“

Ganz richtig.

„Und an welchem Punkt und mit welchen Vorzeichen ich starte, wenn ich mich neu inkarniere.“

Richtig.

„Wir beginnen unser Leben also nicht als unbeschriebenes Blatt, sondern es ist alles vermerkt, was in den Leben vorher, aber auch in den jenseitigen Erfahrungen vorher, erreicht oder auch nicht erreicht worden ist.“

So ist es.

„Unsere Kirchen lehnen solche Vorstellungen ab.“

Sind sie deswegen weniger wahr?

Viele Menschen lehnen viele Vorstellungen ab und jeder hat die Freiheit an das zu glauben, was er für richtig hält.

Ich kann dir nur sagen wie die Dinge SIND. Was du davon annimmst liegt bei dir. Aber ich sage dir: Es ist alles so unendlich viel einfacher, als man euch glauben machen will.

„Eins habe ich dann aber immer noch nicht verstanden. Wenn wir mit einer Art von „Blaupause“ auf die Welt kommen, in der ganz bestimmte Aufgaben festgelegt sind, wo bleibt dann noch unsere Freiheit die Realität zu gestalten?“

Ich habe nicht gesagt, dass ganz bestimmte Aufgaben für dich festgelegt wären, wenn du die Welt betrittst.

Ich habe gesagt, du entscheidest hier und heute, in jedem Augenblick deines Lebens, mit darüber, an welchem Punkt du deinen irdischen Erfahrungs- und Lernweg fortsetzt, nachdem du dieses Leben beendet hast.

Deshalb kommt der Gestaltung deiner Realität JETZT, HIER und HEUTE so große Bedeutung zu.

Ein gutes Leben zu führen ist nicht gleichbedeutend damit, es sich auf dieser Welt möglichst gemütlich einzurichten, sondern den Weg zu erkennen und ihn zu gehen. Den Weg des Herzens.

Die Wirklichkeit ist der Zustand, zu dem du unterwegs bist. Deine Realität ist das Fahrzeug, dass du für diese Reise benutzt. Es liegt an dir, ob du dabei gut voran kommst, oder nicht.

„Eines ist mir noch immer nicht klar geworden: War Walters tödlicher Unfall nun Teil seiner Realitätsgestaltung, hat seine Seele sich also dafür entschieden, mit dieser letzten Erfahrung einen Schlusspunkt unter sein Leben zu setzen, oder war sein Tod eher ein spiritueller Betriebsunfall, ein Ausdruck des Versagens?

Spiritueller Betriebsunfall. Ausdruck des Versagens. Das ist viel zu dramatisch für so eine einfache und klare Angelegenheit, wie der Tod es ist.

Wie immer du deine Realität gestaltest, deinem ZIEL näherst du dich in jedem Fall. Du hast aber die völlige Freiheit bei der Auswahl deiner Wege, und Walters Seele hat sich eben für diesen Weg entschieden.

Der Tod unterbricht nur den diesseitigen Teil deiner Reise, nicht die gesamte Unternehmung, und du alleine entscheidest, wie weit du zum Zeitpunkt deines Todes gekommen bist. Insofern kommt also, ich wiederhole es noch einmal, der Gestaltung deiner Realität die allergrößte Bedeutung zu.

„Wie erkenne ich, ob der Weg, den ich gestaltet habe, mich nicht in eine Sackgasse führt?"

Es ist nichts gegen Sackgassen einzuwenden. Auch nicht gegen Umwege. Sie sind nicht besser oder schlechter als Abkürzungen. Sie verlängern einfach nur deinen Weg, mehr nicht.

Worauf es ankommt ist, dass du dir immer deiner schöpferischen Rolle als Gestalter deiner Realität BEWUSST bist und deine Wege auch deine Entscheidungen sind.

Ein Umweg kann dich weit bringen. Eine Sackgasse mag dich zu Erkenntnissen führen, die du nur so, nur auf diese Weise erfahren konntest. Wichtig ist, dass du dir der Schritte bewusst bist, die du unternimmst. Es kommt darauf an, stets die volle Verantwortung für dein Leben zu übernehmen.

„Nun bin ich ja nicht alleine auf der Welt. Ich stehe also in ständiger Interaktion mit anderen Menschen, die ich beeinflusse und die mich beeinflussen. Welche Bedeutung hat das für meine Realitätsgestaltung und für meine Verantwortung meinem Leben gegenüber?

Walter zum Beispiel ist nicht einsam und alleine gegen einen Baum gefahren, er ist von einem anderen Autofahrer GETÖTET worden.

Wie sieht es nun aus: Hat Walters Seele sich für diese spezielle Erfahrung entschieden und die entsprechende Situation herbeigeführt? Dann hätte sie sich gleichzeitig des anderen Autofahrers und dessen Seele bedient.

Oder haben sich beide Seelen in dieser Sache vor langer Zeit schon abgesprochen und alles stand längst vorher fest? Dann wären unseren Möglichkeiten der Realitätsgestaltung aber Grenzen gesetzt und das hat sich für mich bis jetzt ganz anders angehört.

Oder hat sich Walters Seele der Seele des anderen Autofahrers bedient, um zu ihrer eigenen Erfahrung zu kommen?

Oder war es genau umgekehrt und die andere Seele hat sich gegen die von Walter durchgesetzt? Entschuldige, wenn ich das jetzt so vereinfacht ausdrücke, aber so kann ich es mir am besten vorstellen."

Deine Fragen sind wunderbar. Die Antwort ist allerdings einfacher als du glaubst. Sie lautet in allen Fällen auf JA.

Seelen sprechen sich in der Tat ab, insofern haben beide Seelen herbeigeführt, was vereinbart war. Das schränkt deine Handlungsmöglichkeiten in keiner Weise ein. Innerhalb deiner Lebensspanne gehst du DEINEN Weg und gestaltest du DEINE Realität.

Nichts ist vorbestimmt als dein Ziel und du alleine entscheidest, wie du es erreichst. Du bestimmst über deine Realität. Alles, was dir auf deinem Weg begegnet ist eine Chance. Du kannst sie nutzen oder es bleiben lassen, das liegt bei dir. Nichts ist so wie es zu sein scheint, alles ist formbar, aber formst du es nicht, tun es andere und du wirst zum Teil ihrer Realität.

Kapitel 10

Leid als Führer

Leid ist ein fester Bestandteil der ersten Wirklichkeit, also der Realität. So lange du dich auf dieser Ebene bewegst, kommst du auch mit Leid in Berührung, denn diese Ebene ist die Ebene der Erfahrungen. Es ist ein Ort zum Lernen, kein Zustand ewigen Glücklichseins.

„Wenn wir die alleinigen Schöpfer unserer Realitäten und Erfahrungen sind, müsste das doch eigentlich so etwas wie „göttliche Prüfungen" ausschließen, oder?"

Der Begriff von der „göttlichen Prüfung" ist menschlichen Ursprungs, und er setzt, wie so oft, ein Gottesbild voraus, das es so nicht gibt.

Ich habe schon mehrfach versucht, dir das zu erklären: Ich bin kein kosmischer Regisseur, der auf der Ebene der sichtbaren Realität Schicksal spielt.

Ich habe keine Absichten im menschlichen Sinne, weil ich keine Interessen im menschlichen Sinne habe. Warum also sollte ich euch prüfen wollen?

„Dann stelle ich die Frage anders: Es gibt die Vorstellung, dass ein Mensch, der gelernt hat seine Gedanken zu diziplinieren und der Liebe und Mitgefühl lebt, zunehmend auch glückliche und harmonische Zustände in seinem Leben erschafft und erfährt. Ich kenne aber Menschen, die obwohl sie sich über viele Jahre hinweg ernsthaft darum bemüht haben, ihr Leben nach den Gesetzen der Liebe auszurichten, dennoch von schlimmen Schicksalschlägen nicht verschont geblieben sind."

Nicht jeder, der von den Gesetzen der Liebe spricht, weiß auch wirklich wovon er redet, und nicht jeder, der seine Gedanken diszipliniert, befindet sich damit auf dem richtigen Weg.

„Also ist es unmöglich, die eigene Realität so zu gestalten, dass Schmerz und Leid ausgeschlossen werden können?“

Das ist unmöglich. Leid ist ein fester Bestandteil der ersten Wirklichkeit, also der Realität. So lange du dich auf dieser Ebene bewegst, kommst du auch mit Leid in Berührung, denn diese Ebene ist die Ebene der Erfahrungen. Es ist ein Ort zum Lernen, kein Zustand ewigen Glücklichseins.

„Ich verstehe das, so lange es um die Realität des Einzelnen geht. Wie aber steht es um die Realität von Gruppen, mit denen der Einzelne schicksalhaft verbunden ist? Ein Krieg oder eine Naturkatastrophe zum Beispiel trifft viele Menschen gleichzeitig, ganz egal wie weit sie persönlich entwickelt sind und ihre Realitäten gestalten können. Ein Erdbeben, das Tausende von Leben fordert, fragt das einzelne Opfer nicht vorher, wo es spirituell gerade steht. Gibt es also eine Art von „kollektiver Realitätsgestaltung“, dem sich die individuelle unterordnen muss?“

Auch eine Gruppe denkt und handelt im Prinzip wie eine individuelle Persönlichkeit. Sie entwickelt einen kollektiven Willen, so wie die Persönlichkeit einen persönlichen Willen entwickelt. Je homogener eine Gruppe denkt und handelt, um so stärker wird ihr kollektiver Wille sein und um so stärker ist damit auch ihre Kraft.

Diese kollektive Kraft kann die persönliche

Kraft des einzelnen stärken oder sie vereinnahmen. Aber zusammengenommen wird sie immer das Produkt vieler einzelner Willensentscheidungen sein, so wie auch die persönliche Kraft das Produkt vieler einzelner Willensentscheidungen ist.

Insofern gibt es keinen wirklichen Unterschied zwischen Gruppe und Individuum, was Lernerfahrungen angeht.

Beide unterliegen derselben Polarität. Die Gruppe kann ebenso Glück und Leid erfahren wie die individuelle Persönlichkeit und zugleich braucht das Individuum häufig die Zugehörigkeit zu einer bestimmten Gruppe, um diese Zustände erfahren zu können.

„Bedeutet das: Wer in ein Flugzeug steigt, das später abstürzt, war selbst daran schuld?"

Lass das Wort Schuld weg, dann stimmt es. Der Absturz eines Flugzeugs ist keine Strafe für die Betroffenen, auch wenn Leid in der Regel so aufgefasst wird. Wer dieses Flugzeug betritt, dessen Seele hat eine Entscheidung getroffen.

„Es fällt mir schwer, diese Dinge so nüchtern zu betrachten. Insbesondere dann, wenn ich zum Beispiel an die besonders grausamen Formen von Leid denke, die manche Menschen erfahren müssen: gefolterte Gefangene, sexuell missbrauchte und misshandelte Kinder, verhungernde Menschen – sind das einfach alles Entscheidungen der Seelen dieser Menschen?"

Ja. Auf einen einfachen Nenner gebracht sind sie das. Diese Menschen helfen einander, die für sie in diesem Augenblick notwendigen Erfahrungen zu machen.

„In meinem Sprachgebrauch würde ich das als „zynisch“ bezeichnen.“

Das wird dich dem Verständnis dieser Dinge nicht näher bringen.

Wenn ein Mensch für sein spirituelles Wachstum eine ganz besonders leidvolle und schmerzhafte Erfahrung braucht, wird er sich diese Erfahrung um jeden Preis zu verschaffen wissen. Und wenn er dazu einen anderen Menschen benötigt, damit der ihm dieses Leid zufügt, dann wird er alles tun, um diesen Menschen zu treffen. Zynisch ist daran überhaupt nichts.

Es geht sogar noch weiter: Der Peiniger lädt Schuld auf sich, und seine Seele weiß dies ganz genau. Indem der Peiniger seinem Opfer zu dem Leid verhilft, das dieses gesucht hat, leistet er ihm deshalb einen Dienst, für den er bereit ist, karmisch teuer zu bezahlen.

Mit deinen moralischen Maßstäben bringst du die Dinge nur durcheinander.

„Wie ist es mit dem Leid, das wir Tieren und Pflanzen zufügen? Laden wir damit ebenfalls karmische Schuld auf uns?“

Aber sicher. Nur leistet ihr in diesem Fall niemandem einen Dienst. Die Tiere und Pflanzen, die ihr peinigt, hätten auf solche Erfahrungen gut verzichten können. Hier liegen die Dinge umgekehrt: Eure Opfer stellen sich euch zur Verfügung, damit ihr LERNEN könnt. Damit ihr eines Tages begreift, dass LIEBE der Baustoff ist, aus dem das Universum besteht.

Ist es nicht seltsam, dass ihr nach dem Sinn der Dinge immer nur dann fragt, wenn ihr eine schmerz- und leidvolle Erfahrung durchlebt? Kein Mensch fragt „Wie konnte Gott das zulassen?“ wenn es ihm gut geht. Solche Fragen ist nur der Schmerz zu stellen in der Lage.

So gesehen sind Schmerz und Leid wichtige spirituelle Hilfen für das Wachstum der Seele auf dem Weg zu ihrer Vollkommenheit. Aber es sind nicht die einzig möglichen.

Glück und Liebe sind ebenfalls wichtige spirituelle Hilfen, die deine Seele auf dem Weg zu ihrer Vollkommenheit unterstützen können. Ihr lebt in einer Welt der Polarität und hättet die freie Wahl euch zwischen Schmerz und Glück, zwischen Leid und Liebe zu entscheiden.

Und was wählen die meisten Menschen? Wählen sie die Liebe? Entscheiden sie sich für den Weg des Herzens? Nein, das tun sie nicht. Die Mehrzahl der Menschen wählt das Leid zu ihrem spirituellen Führer.

Alle Fragen, die du mir heute gestellt hast,

haben mit Schmerz und Leid zu tun. Wann wirst du anfangen mich zu fragen, wie du dich in deinem Leben von Liebe leiten lassen kannst?

Es wäre so einfach.

Tut, was getan werden muss, mit vollendeter Hingabe und freut euch an dem wunderbaren Reichtum, den die Liebe zu dieser Welt darstellt. Dann gelingen die Dinge ganz von selber, wachsen unter euren Händen zu vollendeter Schönheit heran und ordnen sich in ihrer Bedeutung und Reihenfolge ganz von alleine in der richtigen Weise.

Alles was mit Liebe und dem Wunsch nach größtmöglicher Perfektion getan wird, bringt euch auf eurem Weg zur eigenen Vervollkommnung weiter und es kommt nicht darauf an, ob viel oder wenig Zeit darauf verwendet wurde, ob es sich gelohnt hat oder nicht und dergleichen.

Was immer ihr tut und was immer es ist, tut es mit der größtmöglichen Hingabe. Es kommt sehr darauf an, dass ihr in einem hohen Maße auf die innere Qualität einer Sache achtet. Die äußere Qualität stellt sich dann ganz von alleine ein.

Ihr müsst diese Qualität – du kannst sie auch Liebe nennen – in euch spüren und darauf achten, dass sie es ist, die den Fortgang einer Arbeit bestimmt. Deshalb ist es besser eine Arbeit zu unterbrechen, statt sie um jeden Preis durchzuziehen, ohne dass Liebe zu dieser Sache der Antrieb ist.

Die Ebene der zweiten Wirklichkeit ist keine eigene Welt, sondern ein geistiger Zustand der Klarheit und des Wissens. Der Weg zu diesem Zustand ist gelebte und geliebte Erste Wirklichkeit.

Kapitel 11

Liebe

Das Ziel, auf das sich alles Seiende zu bewegt, heißt LIEBE. Deshalb ist im Universum jeder Gedanke willkommen, dessen Ursprung Liebe ist.

„Wie real ist meine Realität eigentlich wirklich?"

Diese Frage wirst du anders stellen müssen.

„Realität ist Illusion, richtig?"

Richtig.

„Nichts, was ich als real erlebe, existiert wirklich so, wie ich es erlebe, richtig?"

Richtig.

„Ist Realität dann ein Traum, der ein Leben lang dauert, während die Wirklichkeit ganz woanders stattfindet?"

Nein. Realität ist eine Interpretation der Wirklichkeit und findet gleichzeitig mit ihr statt.

Zwei Menschen sehen denselben Sonnenuntergang und erleben ihn doch ganz unterschiedlich. Du kennst diesen Vergleich und so musst du es dir auch hier vorstellen.

Verschiedene Ereignisse, die Realitäten der Menschen, finden gleichzeitig statt, sie haben nichts miteinander zu tun und doch geht es um ein und dieselbe Wirklichkeit.

„Und es liegt alleine in meiner Hand, für welche Interpretation ich mich entscheide? Niemand kann mir „dazwischenfunken"? Ich bin immer Täter und niemals Opfer?"

Du bist dann Opfer, wenn du Opfer sein willst.

„Dann wäre ich aber gleichzeitig auch Täter. Ein Täter, der eine Opferrolle übernommen hat."

Richtig.

„Angenommen, ich befinde mich in einer Opfer-Situation und stelle fest, dass ich mich in der nicht wohl fühle. Was kann ich tun?“

Dann änderst du dein Denken entsprechend und deine Realität ändert sich.

„Aber die Situation, in der ich gerade stecke, muss ich vermutlich erst zuende bringen, nehme ich an. Sie ändert sich dadurch nicht schlagartig.“

Du kannst deine Realität nicht “wegzappen“ wie ein unerwünschtes Fernsehprogramm. Aber in dem Augenblick, da du beschließt dein Skript zu ändern, wird die Veränderung bereits wirksam. Sofern der Beschluss aus dem Herzen kommt, nicht aus dem Kopf. Und je nachdem wie stark dein Wille ist, ändert sich deine Realität entsprechend.

Stell dir ein Schiff vor, das wegen einer plötzlich auftauchenden Gefahr den Kurs ändern muss. Sobald der Kapitän den Befehl gegeben hat, wird das Ruder umgelegt und die Änderung sofort wirksam. Trotzdem dauert es seine Zeit, bis das Schiff auf neuem Kurs liegt. Bis dahin beschreibt es einen mehr oder weniger großen Bogen, je nachdem, wie schnell es gefahren ist oder ob es Strömungs- oder Windverhältnisse gibt, die auf das Manöver einwirken, und so weiter.

„Und ein erfahrener Kapitän sieht das alles voraus

und gibt seine Befehle rechtzeitig, wirst du mir vermutlich als nächstes sagen.“

Nein. Ein erfahrener Kapitän sorgt dafür, dass er gar nicht erst in die Bredouille kommt!

Alles was du denkst hat das Potential, sich in deiner Realität zu manifestieren. Wenn du in Gedanken Probleme entstehen lässt, gibst du ihnen Gestalt und Macht und es ist nur noch eine Frage der Zeit, wann sie diese Macht über dich ausüben.

Denk an den Geist in der Flasche. Solange die Flasche verkorkt bleibt, ist der Gedanke darin so harmlos wie eine Sommerbrise. Lass ihn frei, und er kann sich zum Orkan aufblasen, wenn das sein Wesen war.

„Und falls mir das nun passiert ist? Schließlich bin ich auch nur ein Mensch. Wie bekomme ich den Geist wieder zurück in die Flasche?“

Was soll das heißen „schließlich bin ich auch nur ein Mensch“? Das ist es ja gerade. Als Mensch verfügst du über wunderbare schöpferische Fähigkeiten.

Du erschaffst DEINE Realität.

Das ist etwas ganz Besonderes. Alles was ich von dir will ist, dass du mit deinen schöpferischen Fähigkeiten behutsam umgehst.

Deine Realität ist für dich nur eine Interpretation der Wirklichkeit. Eine ihrer zahllosen

Facetten. Und es bist du, der diese Facette hinzugefügt hat. Damit bist du so wichtig, wie das gesamte Universum, und es ist aus dessen Sicht mithin ganz und gar nicht egal, wie du deine Realität gestaltest.

Das Ziel, auf das sich alles Seiende zu bewegt, heißt LIEBE. Deshalb ist im Universum jeder Gedanke willkommen, dessen Ursprung Liebe ist.

„Was für eine Verantwortung! Sag mir: Warum hast du uns Menschen nicht gleich als perfekte Wesen geschaffen? Warum müssen wir erst LERNEN zu lieben? Warum müssen wir uns erst so mühsam aneignen, was du uns doch ebenso gut gleich mit in die Gene hättest legen können? Wozu ist dieser ganze Aufwand gut?“

Alles ist Energie, alles ist im Fluss, alles ist Entwicklung und ihr seid ein Teil dieser Entwicklung.

Eure Entwicklung mag nur ein Wimpernschlag sein, gemessen an der Ausdehnung des Universums, aber auch sie hat ihre Bedeutung.

Die Qualität, die ihr als Menschen zu dieser Entwicklung beisteuern könnt, heißt LIEBE. Sie ist der energetische Baustein, den wir von der Menschheit erwarten.

Liebe ist gewaltige, schöpferische Kraft und sie muss aus sich selbst heraus entstehen.

Sie muss geboren werden. Niemand kann sie

MACHEN. Nicht einmal ich.

Deshalb kommt ihr wieder und wieder auf die Welt, um gereinigt, geläutert und gereift durch eure irdischen und jenseitigen Erfahrungen diesem Ziel näher und näher zu kommen.

Das Universum ist auf euch angewiesen, denn ihr seid ein unverzichtbarer Teil von allem. Alles wartet auf euch.

Euer Beitrag wird jetzt benötigt, und er heißt LIEBE.

Sie zu erschaffen, dazu allein seid ihr auf der Welt.

Ich kann euch auf diesem Weg nur unterstützen. Ich kann ihn nicht für euch gehen, und ich kann ihn euch schon gar nicht ersparen.

„Und ich habe immer geglaubt, wir Menschen wären die überflüssigsten und nutzlosesten Kreaturen, die man auf diesem Erdball jemals gesehen hat."

Ganz und gar nicht.

„Dann lass mich gleich zurückkehren zu meiner letzten Frage: Als Lernender kann ich nicht verhindern, dass ich auch negative Gedanken habe. Jedenfalls gilt das für mich. Ich habe jeden Tag sogar reichlich davon.

Wenn diese Gedanken gleichbedeutend sind mit negativen Energien, wie bekomme ich dann die bösen Geister wieder zurück in ihre Flaschen?"

Du sollst sie gar nicht erst denken!

„Aber wenn es nun doch einmal passiert ist.“

Dann denkst du diesen Gedanken neu. Das ist das einzige, was du in diesem Augenblick tun kannst, was du tun MUSST.

Halte den Gedanken an. Halte die Welt an und denke sie neu.

Es ist nur eine Frage der Übung, und je mehr du dich darin schulst, um so sicherer wirst du darin werden.

Jeder Gedanke strebt danach sich zu realisieren. Wozu sollte es also gut sein, negative Gedanken zu zulassen und sich damit eine Welt voller Probleme zu schaffen?

„Es fällt so schwer zu glauben, dass es in meiner Macht liegen soll, die Welt neu zu denken und sie auf diese Weise neu zu erschaffen. Du machst dir keine Vorstellungen, wie schwer es ist, das zu glauben.“

Das liegt daran, dass du dabei jedes Mal sofort an die dich umgebende Materie denkst. Und du hast nun einmal gelernt, dass Materie etwas Festes ist, auf das man vielleicht mit einem Hammer, nicht aber mit der Kraft der Gedanken einwirken kann.

Wenn ich von der Welt spreche, denke ich an Energie, und je eher du das ebenfalls tust, um so leichter wirst du dich mit der Gestaltung deiner Realität tun.

Deine Welt, deine Realität, dein irdischer Aufenthaltsort, ist ein in sich schlüssig aufgebauter und perfekt durchdachter Organismus. Aber es ist eine Welt für sich. Deine Welt. Abgeschlossen von der Wirklichkeit schwebt sie wie eine schillernde, illusionäre Seifenblase durch das Universum und in ihrem Innern spielt sich alles das ab, was du Leben nennst.

Um dich herum gibt es andere Seifenblasen, gibt es eine unendliche Vielzahl weiterer Realitäten und jede von ihnen ist wiederum eine Welt für sich. Nicht eine einzige gleicht der anderen, auch wenn sie sich in deinen Augen zum Verwechseln ähnlich sehen mögen.

Du bist der König DEINER Seifenblase. Der unumschränkte Herrscher deiner Realität. Wenn du beschließt „in meiner Welt wird negativ gedacht", dann geschieht das auch so und jeder hält sich daran.

Alles was du anpackst, wird sich schwer anfühlen, alles was du denkst wird dich bedrücken und auf deiner Seele lasten.

An die Stelle von Glück tritt in deinem Leben die „gute Laune" und an Stelle von Liebe das Verlangen.

Wenn dir jemand weh getan hat, kannst du zwar seine Entschuldigung entgegen nehmen, aber du wirst ihm niemals verzeihen können. Weil du nicht LIEBEN kannst.

Dafür wirst du mit Problemen reich „gesegnet“ sein, und es wird dir an nichts fehlen, was dein Leben noch mühsamer und dein Denken und Empfinden noch schwermütiger macht. Denn du hast es so gewollt, und deshalb wird es auch so sein.

Du zahlst einen hohen Preis dafür, an der Illusion festhalten zu dürfen, die Welt sei so, wie du gelernt hast sie zu sehen.

Erst wenn du dich entschließt die Seifenblase zu zerstechen, sie platzen zu lassen, wirst du wissen was es heißt, dein Leben in meine Hände zu legen und dich von mir führen zu lassen.

Meinen Weg zu gehen heißt den Weg des Herzens zu gehen. Die Welt in ihrer ganzen Großartigkeit zu sehen und dabei zu wissen und zu fühlen, dass du ein Teil von allem bist.

Es ist ein langer Weg BIS zu diesem Punkt und es ist ein langer Weg, der von dort an noch vor dir liegt.

Indem ihr beide beschlossen habt mich zu finden, habt ihr euch auch dafür entschieden diesen Weg zu gehen. Beides zusammen hat es möglich gemacht, dass ich zu dir sprechen kann und du meine Worte verstehst und sie aufschreiben kannst, damit auch andere sie lesen.

Jetzt steht ihr an dem Punkt, an dem es gilt sich zu entscheiden: Noch immer bewahrt eure

Realität euch davor, die Wirklichkeit zu sehen. Braucht ihr diesen Schutz noch oder seid ihr frei den nächsten Schritt zu gehen?

„Muss ich das jetzt beantworten?“

Ja.

„Dann sage ich mal: Wir sind so frei.“

Außerdem im Monika Laube Verlag erhältlich:

Jörg Schulze

stepping out!

Das Unternehmen Gott zu finden

Ein Bericht

Taschenbuch, ISBN 3-9807044-0-8

Was geschieht, wenn wir eines Tages auf die Sicherheiten verzichten, mit denen wir normalerweise unser Leben ausstatten? Welchen Preis müssen wir zahlen, wenn wir uns ganz auf die Suche nach dem inneren Führer im eigenen Herzen begeben? Antwort: Es kann uns passieren, dass wir auf diese Weise mit Gott ins Gespräch kommen!
stepping out! ist der autobiografische Bericht unserer Suche nach Gott und zugleich das Tagebuch einer abenteuerlichen spirituellen Reise.

Jörg Schulze, Monika Laube

Gott hat durchgehend Sprechstunde

Fragen und Antworten - Band 1

Taschenbuch, ISBN 3-9807044-2-4

Viele Jahre lang war Gott unser ganz „privater“ spiritueller Führer. Das änderte sich, als wir unsere Gespräche mit ihm auch im Internet veröffentlichten. Inzwischen haben auch viele Besucher unserer Homepage ihrerseits über uns Fragen an Gott gestellt.
In diesem Buch haben wir eine Auswahl dieser Dialoge mit Gott zusammengestellt. Fragen und Antworten, die für viele Menschen interessant sind.

Monika Laube Verlag: Fon (06050) 690336, Fax (06050) 690334
Email mlv.@spiritual-life.de oder www.spiritual-life.de

www.spiritual-life.de

Den Weg des Herzens gehen

Unsere Homepage im Internet hat sich zu einem Treffpunkt von Menschen entwickelt, für die Spiritualität gelebte Wirklichkeit ist. Dabei spielt es keine Rolle, für welchen Weg oder welche Richtung sich jeder Einzelne entschieden hat. Denn wie heißt es doch so schön: Der Erkenntnis ist es egal, wie wir sie erlangen.

Schauen Sie doch einmal auf einen Sprung bei uns vorbei. Dies und mehr erwartet Sie:

- GESPRÄCHE MIT GOTT
  Antworten von Gott auf Fragen unserer Besucher zu Themen, die uns alle interessieren.
- DIE BOTSCHAFT DER WOCHE / EINE BOTSCHAFT FÜR DICH
  Aus dem riesigen Fundus an Botschaften, die Jörg seit 1985 als Medium aufgeschrieben hat, veröffentlichen wir hier regelmäßig Auszüge.
- SPIRITUELLE LEBENSBERATUNG
  Hier hat jeder Besucher die Möglichkeit, selbst Fragen an Gott zu stellen.
- SPIRITUALITÄT
  Eines der Foren, in denen Sie mit Gleichgesinnten Gedanken und Erfahrungen austauschen können.
- LESEPROBEN
  Informationen und Hintergrundmaterial zu aktuellen und geplanten Buchtiteln
- und vieles mehr ...!

Herzlich Willkommen!
Wir freuen uns auf Ihren Besuch.